JN072703

2024-2025年版

梶谷美果講師 直伝！

FP ファイナンシャル・プランニング 技能検定 3級 テキスト

Financial・Planner

梶谷 美果 著

ビジネス教育出版社

はじめに

みなさん、こんにちは！

「FP（ファイナンシャル・プランニング技能検定）３級テキスト」の著者、梶谷美果です。

私は、FP受検対策研修やFP受検対策教材の作成を20年以上にわたり専業としているFP受検対策の現役講師です。もしかしたら、日本で一番、講義時間や作成教材が多い講師かもしれません。日々、多くの受検生に接しているため、「学習者がつまづきやすいところ」「わかりにくいところ」「苦手とするところ」がよくわかります。これらを克服するようなテキストを出版したいとずっと思っていました。また、できるだけ学習量の負担が少なくすむように、薄いテキストにしたいと思いました。本書は、他の類書と比較するとページ数が少なく、コンパクトにまとめています。それは、無駄を省き、６割の正答率で合格する試験に必要かつ十分な量の情報に絞って構成しているためです。

私が本書で目指したことは、私の講義を“その場で受けている”ような感じがするテキストです。随所にホワイトボードの図がでてきますが、これは、私が実際の講義中にホワイトボードに書いている内容です。本書を読み進めていくだけで、学習内容がリズムよく頭に入るように、とことんわかりやすく工夫しています。

ぜひ、本書を活用してFP３級試験の合格を勝ち取ってください。

梶谷美果

目次

第4章 タックスプランニング

第5章 不動産

第6章 相続・事業承継

本書の使い方

本書は、読み進めていくだけで、講義を受けているように効率よく学習を進めることができますが、本書を利用する場合に、特に意識していただきたいのは次の点です。

各章（分野）のはじめに、学科試験と実技試験の出題傾向とポイントの概要を記載しています。必ず目を通して、何が重要なのか確認してから学習に進みましょう。

実技保険 や 実技個人 では、出題されていない分野もありますから、初めに把握しておきましょう。

学科試験の重要度を、重要な順にA、B、Cとランク付けしています。

重要度が高いところを最優先で学習することができます。

実技保険

実技個人

実技資産

実技試験の種類によって、出題されやすい内容が異なります。このマークに注目して、受検する実技試験のマークがあるところを重点的に学習しましょう。

実技保険 ➡ 保険顧客資産相談業務（金融財政事情研究会）
実技個人 ➡ 個人資産相談業務（金融財政事情研究会）
実技資産 ➡ 資産設計提案業務（日本FP協会）

学科重要度
★★★

実技試験よりも学科試験のほうが問われる知識が幅広く、一般に、学習量も多くなります。そこで、特に学科試験合格のために必要な知識の重要度を、テーマごとに星の数（★★★、★★、★）で表しました（★★★が最も重要）。★★★、★★の箇所を中心にメリハリをつけて学習しましょう。

（注）第2章「⑨法人と生命保険」「⑩法人契約の経理処理」だけは、（実技保険）における実技試験の重要度を表しています。

１つのテーマの中でも「特にここを重点的に学習してほしい！」という重要な箇所に**重要**マークがついています。計算問題の出題がみられる箇所には**計算**マークがついています。

３級レベルとしては高度な内容ですが出題がみられるものを記載しています。１回目に学習するときは省略して、復習するときに目を通すとよいでしょう。

計算問題にチャレンジ！

合格のために必要な計算問題を絞り込みました。目を通すだけでなく、必ず実際に電卓をたたいて計算することで、確実にマスターすることができます。

住宅ローンの一部繰上げ返済には、返済期間短縮型と返済額軽減型があるが、一般に、返済期間短縮型よりも返済額軽減型のほうが利息の軽減効果が大きい。（過去問題）

×➡返済期間短縮型のほうが利息の軽減効果は大きい。

実際の学科試験の○×問題から、正解が×となる問題を取り上げています（一部の問題は三択問題を編集しています）。問題文にある下線のどこが間違っているのかを「正しく直す」ことで学習効果がアップします。

本書は、原則として2024年４月１日時点の法令等に基づいて編集しています。

一般社団法人金融財政事情研究会　許諾番号 1708K000001

FP 3 級の試験概要

試験実施機関

一般社団法人　金融財政事情研究会
URL https：//www.kinzai.or.jp/fp/　TEL 03-3358-0771

NPO法人　日本ファイナンシャル・プランナーズ協会（日本FP協会）
URL https：//www.jafp.or.jp/exam/　TEL 03-5403-9890

出題形式・合格基準・試験時間

種　目		出題形式	合格基準	試験時間
学科試験		○×式および三答択一形式	60点満点で36点以上	90分
実技試験	保険顧客資産相談業務（金融財政事情研究会実施）	事例形式三答択一形式	50点満点で30点以上	60分
	個人資産相談業務（金融財政事情研究会実施）	事例形式三答択一形式	50点満点で30点以上	60分
	資産設計提案業務（日本FP協会実施）	三答択一形式	100点満点で60点以上	60分

受検資格

FP業務に従事している者または従事しようとしている者

CBT方式による試験（パソコンを使用して実施する試験）

学科試験、実技試験ともCBT方式でのみ実施され、休止期間を除き任意の日に受検することができます。試験会場は、全国約215地区約330会場（テストセンター）のなかから受検者が選択します。当日は、パソコンに表示される試験問題にマウスやキーボードを使って解答します。計算機については、試験画面上に表示される電卓を利用することができます。

第1章

ライフプランニングと資金計画

出題ポイント

学科試験

FPと関連法規、係数を利用した計算が最頻出です。教育資金、住宅ローン、健康保険、公的年金も重要です。

実技保険 実技個人	個人事業主や会社員の老齢年金の事例問題が中心ですが、遺族年金が出題されることもあります。その他の年金制度（確定拠出年金など）も重要です。
実技資産	キャッシュフロー表とバランスシートが重要です。

学科試験の重要度

❶FPと倫理・関連法規

Point
1 **FPと倫理** ～FPには高い職業倫理が必要とされる
2 **FPと関連法規** 重要 ～資格のないFPができないことは？

1 FPと倫理

学科重要度 ★★

FPがFP業務を行っていくうえでは、次のような**職業倫理**が必要です。

顧客利益の優先	常に顧客の利益を最優先に考える ➡FP自身の利益を優先させてはならない
守秘義務の遵守	顧客の個人情報は厳重に管理し、守秘義務の遵守に努める
説明義務	顧客に対しては、十分に説明し、顧客が内容を理解したか確認する必要がある
法令遵守	法令遵守（コンプライアンス）も当然に必要である

2 FPと関連法規

学科重要度 ★★★

各種法律に基づく**資格を持たないFP**は、それぞれの関連法規に抵触してはなりません。

以下では、資格を持たないFPができないことを×、できることを○としています。試験でも具体的に出題されます。

Ⅰ 税理士法

「税務代理行為」「税務書類の作成」「税務相談」は、税理士業務です。税理士でないFPは、**有償・無償を問わず**これらの業務を行うことはできません。

- × 個別具体的な税務相談や、個別具体的な税額計算を行う。
- × 顧客の確定申告書を作成する。
- ○ 仮定の事例に基づいた税額の計算方法を説明する。
- ○ 税法（所得税法、相続税法など）の一般的な解説を行う。

Ⅱ 弁護士法

一般の**法律事務**は、弁護士業務です。弁護士でないFPは、**個別具体的な法律相談**に応じたり単独で**法律判断**を下すことはできません。

なお、FPが**遺言作成時の証人**（→p181）や**任意後見契約**（→p183）の**代理人**（**任意後見受任者**）になるために、弁護士の資格は不要です。

× 報酬を得る目的で、相続人間の利害調整に係る法律事務を取り扱う。
○ 相続分について民法の条文を示して一般的な解説を行う。

Ⅲ 保険業法

保険募集人として**内閣総理大臣**の**登録**を受けた人は、保険商品の**募集・勧誘**を行うことができます。登録を受けていないFPは、募集行為はできません。

○ 顧客に対して、生命保険商品の商品性や活用例を説明する。
○ 顧客の必要保障額の試算を行う。

Ⅳ 金融商品取引法

金融商品取引業者（**投資助言・代理業者**）として**内閣総理大臣**の**登録**を受けた人は、顧客と**投資顧問契約**を締結し、その契約に基づいて**投資判断の助言**をすることができます。

× 投資顧問契約に基づき、ある上場会社の業績予想や投資判断を助言する。
○ 投資判断の前提となる景気動向や企業業績に関する情報を提供する。

社会保険労務士法

社会保険労務士は、労働社会保険諸法令に基づいて、行政機関に提出する**書類の作成**や**提出手続の代行**ができます。

× 顧客の老齢基礎年金の請求書の作成・申請手続を代行する。
○ 顧客の公的年金の受給見込額を試算する。

❷ライフプランニング

Point
1 **ライフプランニングの手法** 計算 ～可処分所得の計算
2 **係数を利用した計算** 重要 計算 ～係数の使い方をマスター

1 ライフプランニングの手法

学科重要度 ★

I ライフプランニングに用いる３つの表

FPが顧客のファイナンシャル・プランニングを行う場合には、次の３つの表を作成します。

ライフイベント表	家族全員の将来の予定（ライフイベント）や希望する計画を時系列でまとめた予定表➡現在価値で記入する
キャッシュフロー表	将来のお金の収支をまとめた表 ➡現在の収支状況やライフイベント表をもとに、将来の収支状況や貯蓄残高を予想して表形式でまとめたもの
バランスシート	個人の資産や負債の状況を表すもの ➡会社でいう貸借対照表の個人版。資産は、時価で記入する

II 可処分所得 計算

キャッシュフロー表の毎年の収入欄には、年収（額面）ではなく、**可処分所得**を記入します。可処分所得とは、年収から**所得税・住民税**と**社会保険料**を差し引いた金額で、自由に使える金額のことです。

公式 可処分所得＝年収－（所得税・住民税＋社会保険料）
⬇
健康保険料、介護保険料、厚生年金保険料、国民年金保険料、雇用保険料など

生命保険料や損害保険料を差し引いてはいけません。自由に使える金額から払っているものだからです。

計算問題にチャレンジ！

問題 Aさん（年収800万円）の支出等が次のとおりである場合、**可処分所得**の金額は？

所得税	住民税	社会保険料	生命保険料	火災保険料	ローン返済額
20万円	30万円	110万円	30万円	5万円	80万円

解答 可処分所得＝800万円（年収）－（20万円（所得税）＋30万円（住民税）＋110万円（社会保険料））＝640万円

Ⅲ キャッシュフロー表 実技資産

キャッシュフロー表には、**変動率**（給与の昇給率や物価上昇率など）や金融資産残高の**運用利率**を考慮した将来価値を記載します。

■ キャッシュフロー表の例

（単位：万円）

経過年数			現在	1年後	2年後	3年後	4年後
西暦（年）		変動率	2024	2025	2026	2027	2028
収入	給与収入（本人）	1％	490	495	500	505	510
	給与収入（妻）	0％	100	100	100	100	100
	収入合計	－	590	595	600	605	610
支出	基本生活費	1％	240	242	245	③247	250
	住宅関連費	0％	108	108	120	120	120
	教育費（2人分）	2％	60	56	60	64	73
	保険料	－	36	36	36	36	36
	その他支出	1％	24	24	24	25	25
	一時的支出	－			500		
	支出合計	－	468	466	985	492	504
年間収支		－	①122	129	▲385	113	106
金融資産残高		1％	700	②836	459	577	689

計算例

①**年間収支＝収入合計－支出合計**＝590万円－468万円＝**122万円**

②**金融資産残高＝前年の金融資産残高×（1＋運用利率）±その年の年間収支**

＝700万円×（1＋0.01）＋129万円＝**836万円**

③**将来の基本生活費＝現在の基本生活費×（1＋変動率）**^{経過年数}

＝240万円×（1＋0.01）^{3年}

＝240万円×1.01×1.01×1.01≒**247万円**

2 係数を利用した計算 実技個人 実技資産

学科重要度 ★★★

係数表を使用すると、知りたい金額を簡単に計算できます。係数には、**終価係数**、**現価係数**、**年金終価係数**、**減債基金係数**、**年金現価係数**、**資本回収係数**の６つがあり、元となる金額に**掛け算**して利用します。

下の係数表の例を利用して、実際に計算してみましょう。

公式 知りたい金額＝元となる金額×○○係数

■ 係数表の例(年利２%、５年)

終価係数	現価係数	年金終価係数	減債基金係数	年金現価係数	資本回収係数
1.1041	0.9057	5.2040	0.1922	4.7135	0.2122

I 終価係数・現価係数 計算

・終価係数…今ある金額が、将来いくらになるかを計算する
・現価係数…将来の目標額を達成するため、今いくら必要かを計算する

計算例①

今ある100万円を年利２%で運用すると、５年後いくらになりますか？

答➡100万円×**終価係数**（1.1041）＝110万4,100円

計算例②

５年後に100万円にするため年利２%で運用する場合、今いくら必要ですか？

答➡100万円×**現価係数**（0.9057）＝90万5,700円

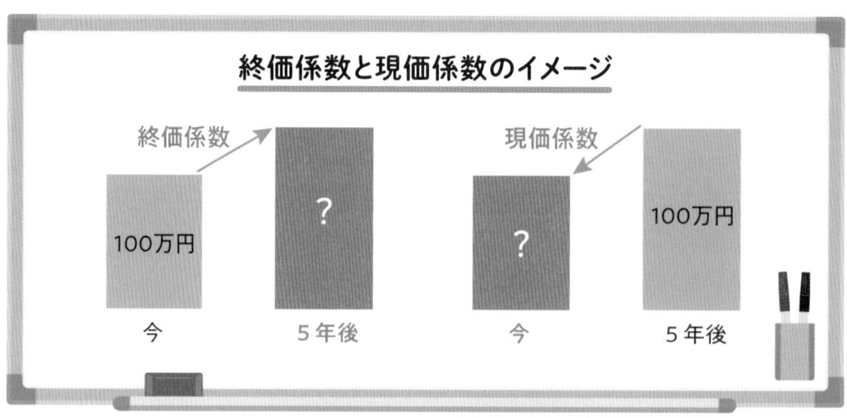

Ⅱ 年金終価係数・減債(げんさい)基金係数 重要 計算

・年金終価係数…毎年同じ金額を積み立てた場合、将来いくらになるかを計算する
・減債基金係数…将来の目標額を達成するため、毎年いくら積み立てるべきかを計算する

計算例❶

毎年100万円を積み立てて年利２％で運用すると、５年後いくらになりますか？

答➡100万円×**年金終価係数**（5.2040）＝520万4,000円

計算例❷

５年後に100万円にするために、年利２％で運用するとして毎年いくら積み立てればよいですか？

答➡100万円×**減債基金係数**（0.1922）＝19万2,200円

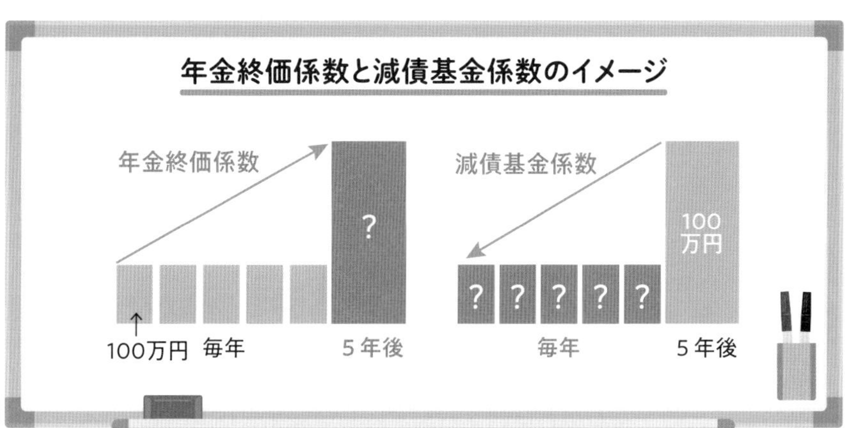

Ⅲ 年金現価係数・資本回収係数 重要 計算

・年金現価係数…毎年同じ金額ずつ使う場合、今いくら必要かを計算する
・資本回収係数…今ある金額を、毎年同じ金額ずつ使う場合、毎年いくら使えるかを計算する

計算例❶

５年間、年利２％で運用しながら毎年100万円ずつ使う（取り崩す）場合、今いくら必要ですか？

答➡100万円×**年金現価係数**（4.7135）＝471万3,500円

計算例❷

今ある100万円を、年利２％で運用しながら毎年同じ金額を使っていく（取り崩す）場合、毎年いくら使えますか？

答➡100万円×**資本回収係数**（0.2122）＝21万2,200円

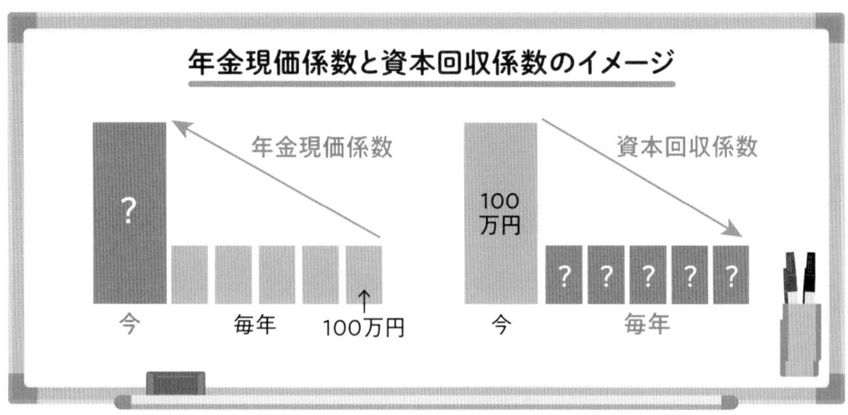

年金現価係数・資本回収係数のその他の利用方法

・年金現価係数…毎年同じ金額ずつ借入金を返済する場合、いくら借りられるかを計算する

・資本回収係数…借入金を毎年いくら返済するかを計算する

計算例❶

ローンを５年間、毎年100万円ずつ返済する場合、金利を２％とすると、いくら借りられますか？

答➡100万円×**年金現価係数**（4.7135）＝471万3,500円

計算例❶

100万円を、５年間、金利２％で借り入れた場合、毎年いくら返済することになりますか？

答➡100万円×**資本回収係数**（0.2122）＝21万2,200円

❸資金計画

Point
1 **教育資金計画** 重要 ～国の教育ローンと奨学金が重要！
2 **住宅取得資金計画** 重要 ～フラット35の内容を確認
3 **貸金業法** ～総量規制により、借入れに制限がある

1 教育資金計画

学科重要度 ★★★

教育資金は、子の誕生と同時に必要となる時期がわかるため、計画的に準備をすることが重要です。教育資金を準備する商品としては**学資保険（こども保険）**があり、教育資金を借り入れる場合には**教育ローン**や**奨学金**があります。

Ⅰ 学資保険（こども保険）

通常、親を契約者、子を被保険者として契約し、子の入学や進学に合わせて**祝金**や**満期保険金**が支払われます（子が生まれる前に加入できるタイプもあります）。契約者（親）が死亡した場合、**以後の保険料の払込みが免除**されますが、**祝金や満期保険金は契約どおり支払われる**という保障機能があります。

Ⅱ 教育一般貸付（国の教育ローン） 重要

国が**日本政策金融公庫**を通じて行う**教育一般貸付（国の教育ローン）**の特徴は、次のとおりです。貸付金の使いみちは、授業料などの学費に限られず、受験費用（合格前も利用可）、住居費用、教材費、通学費用など、幅広く認められています。

親の収入（所得）制限	あり
融資限度額	進学・在学する子１人につき350万円 （自宅外通学、５年以上の大学、大学院、一定の海外留学資金は450万円）
融資対象となる学校	中学校卒業以上の人を対象とする教育施設 （高校、大学、大学院、専修学校など）
金利タイプ	固定金利
返済期間	18年以内
返済方法	在学期間中は利息のみの返済可

Ⅲ 日本学生支援機構の奨学金 重要

日本学生支援機構の奨学金には、返済が不要な**給付型**と、**学生本人が卒業後に返済が必要な貸与型**があります。貸与型には、**第一種奨学金**と**第二種奨学金**があります。特徴は、次のとおりです。

	第一種奨学金	第二種奨学金
親の収入（所得）制限	あり	
利息	無利息	有利息（在学中は無利息）
選考基準	厳しい基準＊	第一種奨学金より 緩やかな基準

＊特に優れた学生・生徒であって経済的理由により著しく修学に困難があるものと認定された者

なお、日本学生支援機構の奨学金と国の教育ローンは、重複して利用することができます。

2 住宅取得資金計画

学科重要度 ★★★

Ⅰ 住宅ローンの金利のタイプ

変動金利型	市場金利の変動に合わせて、借入金利が半年ごとに見直されるが、返済額は5年ごとに見直される
固定金利型	借入時の借入金利が返済終了まで適用される
固定金利選択型	一定期間（2～10年程度）、固定金利が適用され、その後、「固定金利型」または「変動金利型」を選択する

Ⅱ 住宅ローンの返済方式

元利均等返済方式	毎回返済額（元金と利息の合計額）が返済終了まで同じ（均等）である返済方式 ➡毎回返済額のうち元金部分は、毎回増加していく
元金均等返済方式	毎回返済額のうち元金部分が返済終了まで同じ（均等）である返済方式。利息を含めた総返済金額は、元利均等返済方式よりも少ない ➡毎回返済額（元金と利息の合計額）は、毎回減少していく

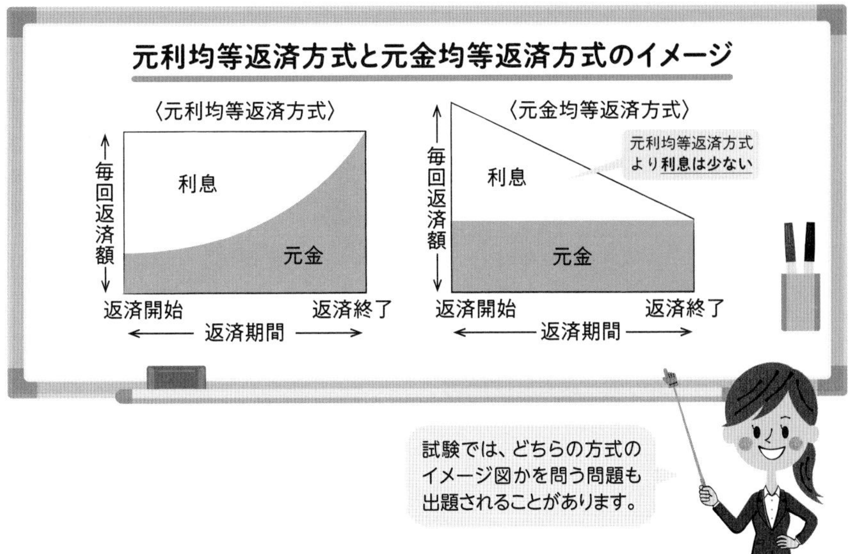

試験では、どちらの方式のイメージ図かを問う問題も出題されることがあります。

Ⅲ 住宅ローンの一部繰上げ返済

毎回の返済額とは別に、元金**の一部を返済**することを**一部繰上げ返済**といいます（利息は返済しません）。繰上げ返済した元金にかかるはずだった利息を支払わずに済むため、**利息軽減効果**があります。

一部繰上げ返済には、返済期間短縮型と返済額軽減型の２種類があり、いずれも**早い時期**に行ったほうが**利息軽減効果は**大きくなります。

返済期間短縮型	一部繰上げ返済した後も毎回返済額はそのままで、返済期間を短縮する方法。返済額軽減型よりも利息軽減効果が大きい
返済額軽減型	一部繰上げ返済した後も返済期間はそのままで、毎回返済額を軽減する方法

住宅ローンは借金なので、返済期間が短いほど利息は少なくなります。そのため、返済期間短縮型のほうが利息軽減効果が大きくなります。

正しく直そう！

住宅ローンの一部繰上げ返済には、返済期間短縮型と返済額軽減型があるが、一般に、返済期間短縮型よりも返済額軽減型のほうが利息の軽減効果が大きい。（過去問題）

✕ ➡ 返済期間短縮型のほうが利息の軽減効果は大きい。

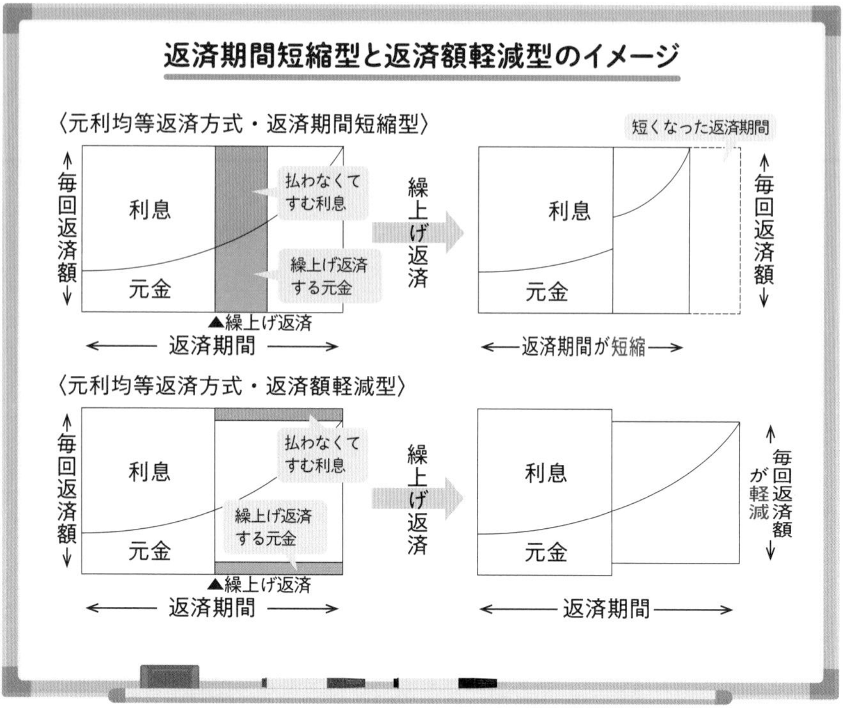

返済期間短縮型と返済額軽減型のイメージ

〈元利均等返済方式・返済期間短縮型〉

毎回返済額
利息
元金
払わなくてすむ利息
繰上げ返済する元金
▲繰上げ返済
返済期間
繰上げ返済
短くなった返済期間
利息
元金
毎回返済額
返済期間が短縮

〈元利均等返済方式・返済額軽減型〉

毎回返済額
利息
元金
払わなくてすむ利息
繰上げ返済する元金
▲繰上げ返済
返済期間
繰上げ返済
利息
元金
毎回返済額が軽減
返済期間

Ⅳ フラット35

フラット35（買取型）は、民間金融機関と住宅金融支援機構が提携して提供する**長期固定金利の住宅ローン**で、融資を実行するのは**民間金融機関**です。

申込資格	原則、申込時の年齢が満70歳未満
対象住宅	住宅金融支援機構が定める技術基準に適合している住宅
融資金額	100万円以上8,000万円以下で、建設費・購入価額以内（100%）
借入金利	融資実行時の金利が適用される固定金利 ➡融資率が90%超の場合は、90%以下の場合よりも金利が高い ➡金利は全国一律ではなく、各金融機関がそれぞれ定める
返済期間	最長35年（完済時年齢80歳まで）
保証人	不要
一部繰上げ返済	・窓口申込みは100万円以上、ネット申込みは10万円以上 ・繰上げ返済手数料は不要

正しく直そう！

長期固定金利住宅ローンであるフラット35の借入金利は、融資実行時の金利ではなく、借入申込時の金利が適用される。（過去問題）

✕➡借入申込時の金利ではなく、融資実行時の金利が適用される。

V 団体信用生命保険

住宅ローンを借りた人（債務者）が、死亡・高度障害状態となった場合に、**保険金で住宅ローンの残債が完済される**保険です。住宅ローンの残債が保険金額となるため、住宅ローンの返済が進むほど保険金額は減少します。

住宅ローンを借りた人の死亡後、遺族は住宅ローンを支払う必要はありません。

3 貸金業法

学科重要度 ★★★

貸金業法の「総量規制」により、個人が貸金業者から個人向け貸付を受ける場合、原則として、**年収の3分の1を超える借入れ**はできません。

正しく直そう!

貸金業法の総量規制により、個人が貸金業者による個人向け貸付を利用する場合、原則として、年収の5分の1を超える借入れはできない。

（過去問題）

×➡年収の3分の1を超える借入れはできない。

④公的医療保険・介護保険

Point

1. **公的医療保険の概要** ～全体像を確認しよう
2. **健康保険** 重要 ～**傷病手当金、任意継続被保険者**が重要！
3. **国民健康保険** ～概要をおさえておこう
4. **後期高齢者医療制度** ～被保険者の年齢を確認しよう
5. **公的介護保険** 重要 ～**被保険者の種類**や**自己負担割合**が重要！

1 公的医療保険の概要

学科重要度 ★

公的医療保険の概要は、次のとおりです。

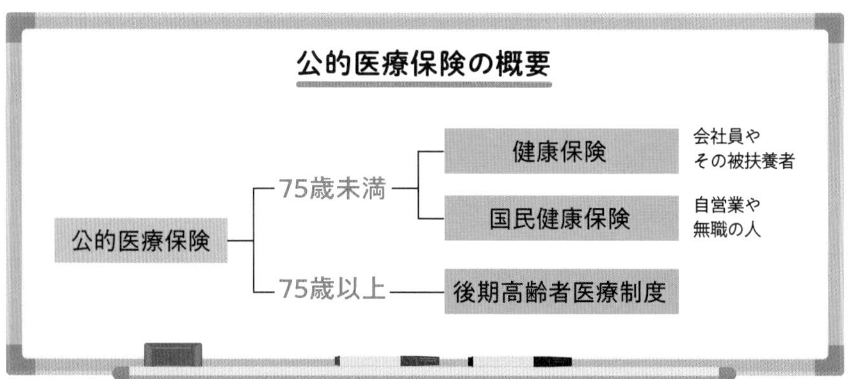

2 健康保険

学科重要度 ★★★

健康保険は、一定の事業所の**従業員**（被保険者）とその**家族**（被扶養者）の業**務外**の事由による疾病、負傷、出産、死亡について保険給付を行います。

➡被保険者の**業務上**と**通勤途上**の事由によるものは、**労災保険**から保険給付が行われます。

I 健康保険の種類

健康保険には、**全国健康保険協会管掌健康保険**（協会けんぽ）と、**組合管掌健康保険**（組合健保）の２種類があります。

種類	保険者（運営者）	保険料
全国健康保険協会 管掌健康保険（協会けんぽ）	全国健康保険協会	・都道府県により異なる ・労使折半 ➡被保険者と事業主が半分ずつ負担すること
組合管掌健康保険 （組合健保）	健康保険組合	・組合により異なる ・労使折半でなくてもよい

一般に、中小企業の従業員は「協会けんぽ」の被保険者で、大企業の従業員は「組合健保」の被保険者です。

Ⅱ 被扶養者

被扶養者（被保険者に扶養されている家族）となるためには、原則として、年間収入が**130万円未満**（**60歳以上**の人または一定の障害者は**180万円未満**）で、被保険者の年間収入の２分の１未満であることが必要です。

被扶養者には、保険料の負担はありません。

Ⅲ 健康保険の主な給付 重要

（1）療養の給付・家族療養費

被保険者・被扶養者が治療を受けた場合の一部負担金の割合（自己負担割合）は次のとおりです。

年　齢	自己負担割合
小学校入学前まで	2割
小学校入学後70歳未満	3割
70歳以上75歳未満	2割（現役並み所得者は3割）

（2）高額療養費

高額療養費とは、**1ヵ月**にかかった**医療費の自己負担額が高額になった場合**、一定の金額（**自己負担限度額**）を**超えた分**が、あとで払い戻されるものです。なお、70歳未満の人が事前に「限度額適用認定証」を提示した場合*には、医療機関の窓口での支払が自己負担限度額までとなります。

*マイナンバーカードを保険証として利用すれば、提示は不要です。なお、2024年12月2日より、「マイナ保険証」を基本とする仕組みに移行されます。

参考 **高額療養費の計算**

70歳未満で標準報酬月額（区切りのよい幅で区分した月給）が28万円～50万円の人の１ヵ月の総医療費が100万円かかった場合の高額療養費は、次のように計算します。

①窓口で支払った金額＝100万円×３割＝30万円
②自己負担限度額＝ 8万100円＋（医療費－26万7,000円）×１％
　＝8万100円＋（100万円－26万7,000円）×１％
　＝8万7,430円
③高額療養費として払い戻される金額
　＝①30万円－②8万7,430円＝21万2,570円

（3）傷病手当金

被保険者が病気やケガの療養のため**連続して３日以上仕事を休み、給料が支払われない場合**、**４日目**から、休業１日につき「平均日額*」の**３分の２**相当額が、支給開始日から**通算して１年６ヵ月**支給されます。

*「平均日額」…支給開始日以前の継続した12ヵ月間の各月の標準報酬月額を平均した額を30で除した額。簡単にいうと、直近1年間の平均月給をもとに計算した1日当たりの給料のこと。

（4）出産育児一時金・家族出産育児一時金

被保険者・被扶養者が出産した場合、**１児につき50万円**が支給されます（産科医療補償制度に加入している医療機関等で出産した場合）。

（5）出産手当金

被保険者が出産のため仕事を休み、給料が支払われない場合、産前42日・産後56日までの範囲内で、休業１日につき「平均日額」の３分の２相当額が支給されます。

Ⅳ 任意継続被保険者 重要

退職して被保険者の資格を喪失したときは、次の①、②の要件を満たしている場合、希望により**最長２年間**、継続して健康保険の被保険者（**任意継続被保険者**）となることができます。

①継続して**２ヵ月以上**の被保険者期間があること
②資格喪失日（退職日の翌日）から**20日以内**に申し出ること

任意継続被保険者の保険料は**全額自己負担**となるほか、退職後に生じた事由による傷病手当金や出産手当金の給付を受けることはできません。

任意（にんい）だから2と覚えます。
2年間、2ヵ月、20日です。

3 国民健康保険

学科重要度 ★

都道府県に住所がある人（75歳未満の自営業者や無職の人など）は、健康保険などの被保険者・被扶養者や生活保護を受けている世帯を除き、国民健康保険（国保（こくほ））に加入しなければなりません。被扶養者の制度はありません。なお、**都道府県・市区町村**が保険者（運営者）となるものと、**国民健康保険組合**（同種の事業の組合）が保険者となるものがあります。給付の内容は基本的に健康保険と同様です（高額療養費もあります）。

一部負担金の割合（自己負担割合）も、健康保険と同様です。

4 後期高齢者医療制度

学科重要度 ★★★

75歳になると、**だれもが**、国民健康保険の被保険者や健康保険の被保険者・被扶養者の**資格を喪失**し、**後期高齢者医療制度の被保険者**となります（被扶養者の制度はありません）。なお、一定の障害のある**65歳以上75歳未満**で認定を受けた人も被保険者となります。

一部負担金の割合（自己負担割合）は、**1割**、**2割**（一定以上所得者）、**3割**（現役並み所得者）です。

5 公的介護保険

学科重要度 ★★★

公的介護保険の保険者（運営者）は**市区町村**で、**40歳以上**の人が被保険者となります。被保険者は、**第１号被保険者**と**第２号被保険者**の２種類に区分されます。

公的介護保険の概要

		40歳〜65歳 第2号	65歳〜 第1号
保険料の負担	×	○	○
給付の対象	×	▲	○
利用者負担	ー	1割	1・2・3割

I 被保険者の区分と特徴 重要

	第1号被保険者	第2号被保険者
被保険者	65歳以上の人	40歳以上65歳未満の医療保険加入者
保険料	原則として公的年金から天引き	医療保険料に上乗せして徴収 ➡協会けんぽは、労使折半
給付を受けられる人	原因を問わず、要介護・要支援と認定された人	特定疾病（加齢に起因する15種類の疾病と一定のがん）により、要介護・要支援と認定された人のみ
利用者負担	1割 （高所得者は2割または3割）	1割
	施設サービスのうち食費・居住費は、全額利用者負担	

公的介護保険の第1号被保険者が、公的介護保険の保険給付の対象となる介護サービスを受けた場合の自己負担割合は、その者の合計所得金額の多寡にかかわらず、1割である。（過去問題）

×➡高所得者は2割または3割である。

II 要介護認定

公的介護保険から給付（サービス）を受けるためには、**市区町村**の**要介護認定**を受ける必要があります。要介護認定は、介護の度合いに応じて「要支援1〜要支援2」「要介護1〜要介護5」の7段階に分けられます。

❺労災保険・雇用保険

Point
1 **労災保険** ～すべての労働者に適用され、保険料は事業主負担
2 **雇用保険** ～失業時の基本手当の要件や給付日数が重要！

1 労災保険

学科重要度 ★

労災保険（**労働者災害補償保険**）は、業務災害または通勤災害による**労働者**の疾病、負傷、障害、介護、死亡について、保険給付を行います。

適用事業	原則として、労働者を１人でも使用すれば強制的に適用事業となる
適用労働者	すべての労働者に適用される ➡正社員だけでなく、パート、アルバイトなどを含む
保険料	保険料率は事業の種類によって異なる 全額事業主負担（労働者の負担はない）
給付内容*	・疾病、負傷……療養補償給付、休業補償給付、傷病補償年金 ・障害……………障害補償給付 ・介護……………介護補償給付 ・死亡……………遺族補償給付、葬祭料

*通勤災害の場合は、給付内容に「補償」という文言がつきません。（例）療養給付、休業給付

2 雇用保険

学科重要度 ★★★

I 基本手当 重要

雇用保険の被保険者が**65歳未満**で離職（退職）し、次の①、②の受給資格要件（原則）を満たすときは、**基本手当**（いわゆる失業手当）が支給されます。

① 原則、離職の日以前２年間に被保険者期間が通算12ヵ月以上あること
② 公共職業安定所（ハローワーク）で求職の申込みを行い、失業の状態にあること

（1）所定給付日数

基本手当の支給を受けられる日数（所定給付日数）は、離職理由、年齢、被保険者期間によって異なります。**被保険者期間20年以上**の人が、自己都合または**定年退職**により離職した場合の**所定給付日数**は、**最長150日**です。

なお、**基本手当の受給期間**は、原則として、**離職した日の翌日から１年間**です。

（2）給付制限

基本手当は、求職の申込みをした日後**７日間**は支給されません（**待期期間**）。また、自己都合による退職の場合、さらに最長**２ヵ月間**（５年のうち２回まで。その後は最長３ヵ月間）の**給付制限期間**は支給されません。

Ⅱ 雇用継続給付・育児休業給付

在職中の被保険者に支給される給付には、次のものがあります。

高年齢雇用継続給付	被保険者期間が５年以上ある60歳以上65歳到達月までの被保険者が、60歳以降の賃金が60歳時点に比べて75％未満に低下した状態で働く場合に、賃金の一定割合が支給される ・高年齢雇用継続基本給付金……基本手当を受給せずに雇用を継続している人に支給 ・高年齢再就職給付金……基本手当を受給し一定の所定給付日数を残して再就職した人に支給
介護休業給付	一定の家族のための介護休業中に、賃金が支払われない場合、休業前賃金の67％が支給される（最高93日、３回まで分割可）
育児休業給付	原則１歳未満の子の養育のための育児休業中に、賃金が支払われない場合、休業前賃金の67％が支給される（180日経過後は50％）
出生時育児休業給付（産後パパ育休）	子の出生後８週間以内に４週間まで取得できる。休業前賃金の67％が支給される

Ⅲ 教育訓練給付

教育訓練を受講するために支払った費用の一部が支給されます。

一般教育訓練給付金	費用の２割（上限10万円）が支給される ➡特定一般教育訓練（キャリアアップ効果の高い講座）に該当する場合は４割（上限20万円）
専門実践教育訓練給付金	費用の５割（年間上限40万円、原則最大３年）が支給され、資格取得等して雇用された場合、２割が追加支給される

❻公的年金の基礎

Point

1 **年金制度の概要** ～年金制度の全体像を理解しよう
2 **国民年金の被保険者** ～**第1号**～**第3号**まである
3 **国民年金の保険料** ～払うのは国民年金の**第1号**被保険者だけ
4 **厚生年金保険の被保険者** ～**第1号**～**第4号**まである
5 **厚生年金保険料** ～保険料の負担は**労使折半**となる
6 **公的年金の給付の種類** ～**老齢、障害、死亡**（遺族）の3種類

1 年金制度の概要

学科重要度 ★

国が運営する**強制加入の**公的年金には、国民年金（**基礎年金**）と厚生年金保険の**2種類**があります。年金制度は家にたとえられ、**1階部分**が**国民年金（基礎年金）**、**2階部分**が**厚生年金保険**、**3階部分**が**企業年金等**となっています。

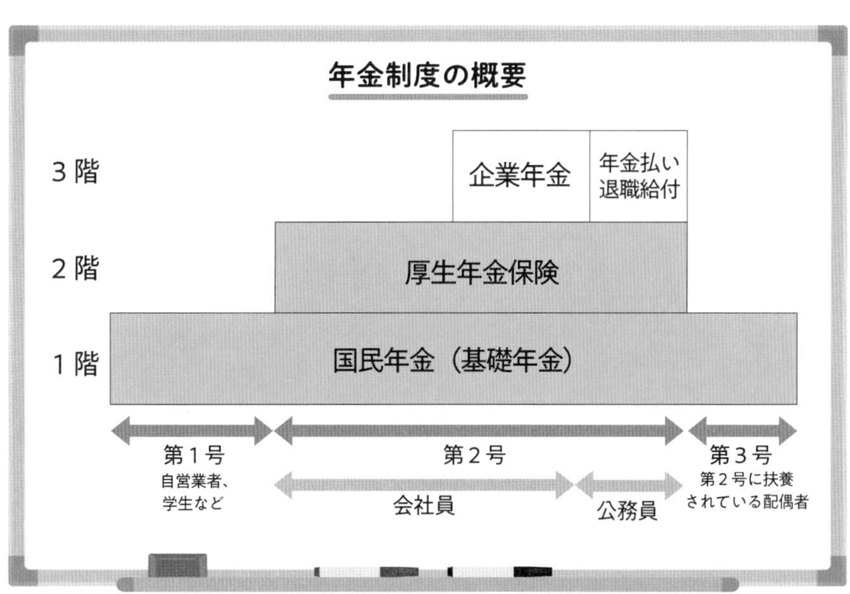

2 国民年金の被保険者

学科重要度
★★

国民年金は、日本国内に住所を有する**20歳以上60歳未満のすべての人**が加入します。国民年金の被保険者は**第1号**から**第3号**の3種類に区分されます。

	対象	具体例
第1号被保険者	国内に住所のある20歳以上60歳未満で、第2号被保険者・第3号被保険者に該当しない人	自営業者、無職の人、学生
第2号被保険者	厚生年金保険の被保険者 ➡20歳以上60歳未満という要件はなく、20歳未満の人や、60歳以上の一部の人も該当する	会社員、公務員
第3号被保険者	第2号被保険者の被扶養配偶者で、20歳以上60歳未満の人 ➡第1号被保険者の被扶養配偶者は、第1号被保険者となる	会社員や公務員の妻（専業主婦）

会社員の夫より年下の専業主婦（第3号被保険者）は、夫が60歳で定年退職して無職になると、妻は60歳になるまで第1号被保険者になります。

3 国民年金の保険料

学科重要度
★★

国民年金の保険料を納付するのは、**第1号被保険者**だけです。

第2号被保険者（厚生年金保険料を納付している人）と第3号被保険者の保険料は、厚生年金保険から拠出されているため、国民年金の保険料を個別に納める必要はありません。

第3号被保険者は、自ら保険料を負担していませんが、国民年金から給付を受けることができます。

I 国民年金の保険料の納付

国民年金の保険料は定額（2024年度は月額16,980円）です。保険料は、物価や賃金の変動率を考慮して毎年4月に改定されます。

保険料の納期限は**翌月末日**です。滞納保険料は**2年分**を遡って納付できます。

Ⅱ 国民年金の保険料の免除・猶予 重要

国民年金の保険料の納付が経済的に困難な**第１号被保険者**は、**保険料の免除・猶予**を受けられます。

免除制度には、①**法定免除**と②**申請免除**（**全額免除・一部免除**）があり、**猶予制度**には、③**学生納付特例制度**と④**保険料納付猶予制度**があります。

免除・猶予期間の保険料は、**10年以内**であれば遡って納付（**追納**）できます。追納した期間は**保険料納付済期間**となります。

		免除・猶予の要件	追納しない場合 老齢基礎年金の年金額への反映
①法定免除（全額）		障害基礎年金の受給者など	一部、年金額へ反映される（→p26）
②申請免除	全額免除	本人、配偶者、世帯主の所得が一定額以下 ➡一部免除の場合、残りは納付しなければならない	
	４分の３免除		
	半額免除		
	４分の１免除		
③学生納付特例制度（全額）		学生本人の所得が一定額以下	年金額へはまったく反映されない
④保険料納付猶予制度（全額）		50歳未満の本人、配偶者の所得が一定額以下	

■ 産前産後期間の保険料免除制度

出産予定月または出産月の前月から４ヵ月間、保険料が**全額免除**されます（所得要件なし）。この免除期間は、**保険料納付済期間**となります。

4 厚生年金保険の被保険者

学科重要度 ★

厚生年金保険の適用事業所に勤務している**70歳未満**の人は、被保険者になります。厚生年金保険の被保険者は**第１号**から**第４号**の４種類に区分されます。

- **第１号厚生年金被保険者**……**会社員**など（第２号～第４号以外）
- 第２号厚生年金被保険者……国家公務員
- 第３号厚生年金被保険者……地方公務員
- 第４号厚生年金被保険者……私立学校教職員

5 厚生年金保険料

学科重要度 ★

厚生年金保険の保険料は、毎月の給与（標準報酬月額）と賞与（標準賞与額）に同じ保険料率を乗じて計算します。これを**総報酬制**といい、2003年４月に導入されました。保険料の負担は**労使折半**ですが、**産前産後休業中・育児休業中**の保険料は、事業主分、被保険者分のいずれも**免除**されます。

保険料率は毎年９月に引き上げられていましたが、2017年９月以降は**18.30%に固定**されています（第１号厚生年金被保険者の場合）。

6 公的年金の給付の種類

学科重要度 ★

公的年金では、**老齢**、**障害**、**死亡**の３つが給付の要因となります。

公的年金の主な給付の種類

	老齢	障害	死亡
国民年金	老齢基礎年金	障害基礎年金	遺族基礎年金
厚生年金保険	老齢厚生年金	障害厚生年金	遺族厚生年金

公的年金の支給期月

公的年金は、毎年２月、４月、６月、８月、10月、12月の**偶数月の15日**に、それぞれ**前月までの分**（**２ヵ月分**）が支払われます。たとえば、10月15日には、８月分と９月分が支給されます。

❼老齢給付

Point
1 **老齢基礎年金** 重要 ～**繰上げ支給、繰下げ支給**が頻出！
2 **老齢厚生年金** 重要 ～**特別支給の老齢厚生年金**を理解しよう

1 老齢基礎年金

学科重要度 ★★★

I 老齢基礎年金の受給資格期間

老齢基礎年金は、原則として、①**保険料納付済期間**、②**保険料免除期間**、③**合算対象期間**を合算した期間（**受給資格期間**）が**10年以上**ある人が**65歳**に達すると支給されます。

受給資格期間＝①保険料納付済期間＋②保険料免除期間＋③合算対象期間 ≧ 10年

・第１号被保険者の保険料納付済期間（産前産後保険料免除期間を含む）
・第２号被保険者期間のうち20歳以上60歳未満の期間
・第３号被保険者期間

第1号被保険者の免除・猶予期間で追納していない期間
（→ｐ23①～④すべて）

国民年金の任意加入被保険者

受給資格期間を満たしていても40年に満たない**60歳以上65歳未満の人**は、年金額を増やすために、**任意加入被保険者**として**国民年金の保険料を納付**できます。

II 老齢基礎年金の年金額 重要 計算 実技保険 実技個人

原則として、**20歳以上60歳未満**の**40年間**（**480月**）のすべてが**保険料納付済期間**の場合、老齢基礎年金は**満額**の**81万6,000円**（2024年度価額：67歳以下の新規裁定者。以下、同じ）が支給されます。

■ 保険料免除期間がない場合の計算式

$$\text{老齢基礎年金の年金額}=81\text{万}6{,}000\text{円}\times\frac{\text{保険料納付済期間}}{480\text{月}}$$

■ 保険料免除期間がある場合の計算式

$$\text{老齢基礎年金の年金額}=81\text{万}6{,}000\text{円}\times\frac{\text{保険料納付済期間}+①+②}{480\text{月}}$$

①2009年３月までの保険料免除期間（法定免除・申請免除）

$$\text{1/4免除期間}\times\frac{5}{6}+\text{半額免除期間}\times\frac{2}{3}+\text{3/4免除期間}\times\frac{1}{2}+\text{全額免除期間}\times\frac{1}{3}$$

②2009年４月以後の保険料免除期間（法定免除・申請免除）

$$\text{1/4免除期間}\times\frac{7}{8}+\text{半額免除期間}\times\frac{3}{4}+\text{3/4免除期間}\times\frac{5}{8}+\text{全額免除期間}\times\frac{1}{2}$$

「学生納付特例期間」と「保険料納付猶予期間」は、計算式の免除期間には含まれません（年金額にまったく反映されません）。（→p23）

計算問題にチャレンジ！

問題　Ａさんの国民年金の加入歴が次のとおりの場合、Ａさんが65歳から受給できる老齢基礎年金の年金額はいくら？

- 保険料納付済期間　：340月
- 全額免除期間　　　：60月（2009年３月までの期間）
- 保険料滞納期間　　：80月

解答

$$\text{老齢基礎年金の年金額}=81\text{万}6{,}000\text{円}\times\frac{340\text{月}+60\text{月}\times\frac{1}{3}}{480\text{月}}$$

$$=61\text{万}2{,}000\text{円}$$

Ⅲ 老齢基礎年金の繰上げ・繰下げ 重要

老齢基礎年金は、原則として**65歳**から支給されますが、希望により、**60歳**から65歳になるまでの間に**繰上げ支給**の請求をすることができ、**66歳**から**75歳**になるまでの間に**繰下げ支給**の申出をすることができます。

繰上げ支給	繰下げ支給
60歳から65歳になるまで	66歳から75歳*2になるまで
繰上げ1ヵ月当たり0.4%*1の年金が減額され、一生涯、減額された年金額が支給される ➡繰上げ月数の上限は**60月**(60歳)。最大減額率は24% ➡繰上げ支給の請求の取消し・変更はできない	繰下げ1ヵ月当たり0.7%の年金が増額され、一生涯、増額された年金額が支給される ➡繰下げ月数の上限は**120月**(75歳*2)。最大増額率は84% ➡75歳以降に受給開始の申出をしても、それ以降は増額されない

*1　1962年4月1日までに生まれた人は0.5%となり、最大減額率は30%となります。
*2　1952年4月1日までに生まれた人は70歳になるまでとなり、最大増額率は42%となります。

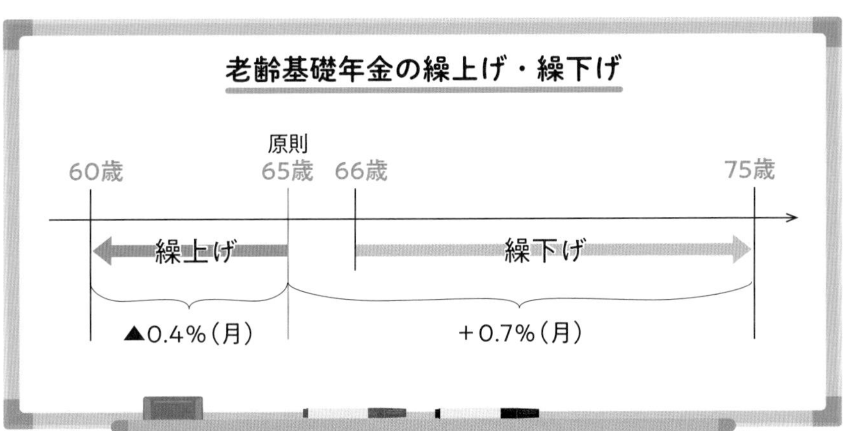

計算問題にチャレンジ!

問題 Aさん(保険料納付済期間480月)が67歳0ヵ月で老齢基礎年金の繰下げ支給を申し出た場合、Aさんが受給できる老齢基礎年金の年金額はいくら?

解答

老齢基礎年金の年金額＝81万6,000円×(1＋0.7%×24月)
＝95万3,088円

2 老齢厚生年金

学科重要度 ★★★

Ⅰ 老齢厚生年金の支給開始年齢

老齢厚生年金は、原則として、受給要件を満たした人が**65歳**に達すると、**老齢基礎年金に上乗せして支給**されます。ただし、生年月日によっては、**60歳から64歳までの間**に支給が開始されます。これを**「特別支給の老齢厚生年金」**といいます。

Ⅱ 老齢厚生年金の受給要件

特別支給の老齢厚生年金	老齢厚生年金（原則）
①支給開始年齢に達したこと（生年月日により60歳から64歳） ②１年以上の厚生年金保険の被保険者期間があること	①65歳以上であること ②１ヵ月以上の厚生年金保険の被保険者期間があること
③老齢基礎年金の受給資格期間（→p 25）を満たしていること	

老齢厚生年金の支給要件は、厚生年金保険の被保険者期間を1年以上有する者が65歳以上であること、老齢基礎年金の受給資格期間を満たしていることである。（過去問題）

✕➡老齢厚生年金（原則）の場合は、1ヵ月以上である。

Ⅲ 特別支給の老齢厚生年金の支給開始年齢

特別支給の老齢厚生年金は、**報酬比例部分**（上の部分）と**定額部分**（下の部分）に分けられます。**特別支給の老齢厚生年金の支給開始年齢**は、生年月日によって段階的に引き上げられています（→次ページ図参照）。まず、**定額部分**の支給開始年齢が引き上げられ、その後、**報酬比例部分**の支給開始年齢が引き上げられます。

最終的に、1961年４月２日以後に生まれた男性には、**特別支給の老齢厚生年金は支給されません**。なお、第1号厚生年金被保険者期間（会社員）に基づく**女性は５年遅れ**のスケジュールとなり、1966年４月２日以後に生まれた女性には支給されません。

■ 特別支給の老齢厚生年金の支給開始年齢の引上げスケジュール

生年月日	60歳 ▼ ～ 65歳（特別支給の老齢厚生年金）	65歳 ▼ ～
男性：～1941.4.1 女性：～1946.4.1	報酬比例部分 定額部分	老齢厚生年金 老齢基礎年金
男性：1941.4.2～1943.4.1 女性：1946.4.2～1948.4.1	報酬比例部分 61歳 定額部分	老齢厚生年金 老齢基礎年金
男性：1943.4.2～1945.4.1 女性：1948.4.2～1950.4.1	報酬比例部分 62歳 定額部分	老齢厚生年金 老齢基礎年金
男性：1945.4.2～1947.4.1 女性：1950.4.2～1952.4.1	報酬比例部分 63歳 定額部分	老齢厚生年金 老齢基礎年金
男性：1947.4.2～1949.4.1 女性：1952.4.2～1954.4.1	報酬比例部分 64歳 定額部分	老齢厚生年金 老齢基礎年金
男性：1949.4.2～1953.4.1 女性：1954.4.2～1958.4.1	報酬比例部分	老齢厚生年金 老齢基礎年金
男性：1953.4.2～1955.4.1 女性：1958.4.2～1960.4.1	61歳 報酬比例部分	老齢厚生年金 老齢基礎年金
男性：1955.4.2～1957.4.1 女性：1960.4.2～1962.4.1	62歳 報酬比例部分	老齢厚生年金 老齢基礎年金
男性：1957.4.2～1959.4.1 女性：1962.4.2～1964.4.1	63歳 報酬比例部分	老齢厚生年金 老齢基礎年金
男性：1959.4.2～1961.4.1 女性：1964.4.2～1966.4.1	64歳 報酬比例部分	老齢厚生年金 老齢基礎年金
男性：1961.4.2～ 女性：1966.4.2～		老齢厚生年金 老齢基礎年金

（注）「女性」は、女性が第１号厚生年金被保険者期間（会社員）に基づく特別支給の老齢厚生年金を受給する場合の支給開始年齢。女性の第２号～第４号厚生年金被保険者期間（公務員等）に基づく特別支給の老齢厚生年金の支給開始年齢は「男性」と同じ。

Step-UP 老齢厚生年金の年金額

老齢厚生年金の年金額は、次のように、①2003年３月までの期間分と②2003年４月以後の期間分に分けて計算して合計した額となります。平均給与と被保険者期間によって年金額が決まります。

老齢厚生年金の年金額
　＝①2003年３月までの期間分＋②2003年４月以後の期間分

①平均標準報酬月額×$\frac{7.125}{1,000}$×2003年３月までの被保険者期間

②平均標準報酬額×$\frac{5.481}{1,000}$×2003年４月以後の被保険者期間

Ⅳ 加給年金と振替加算 重要

厚生年金保険の被保険者期間が原則として**20年以上**ある人に、生計を維持している**65歳未満の配偶者**（または一定の子）がいるときには、**加給年金額**が加算されます（家族手当のようなものです）。ただし、報酬比例部分のみの特別支給の老齢厚生年金には加算されません。

加給年金の対象者である配偶者が**65歳**に達すると加給年金額は加算されなくなりますが、代わりに、配偶者の老齢基礎年金に、**振替加算**が加算されます。ただし、1966年４月２日以降生まれの配偶者には加算されません。

■ 加給年金と振替加算のイメージ

1960年４月２日生まれの夫と年下の妻（専業主婦）の例

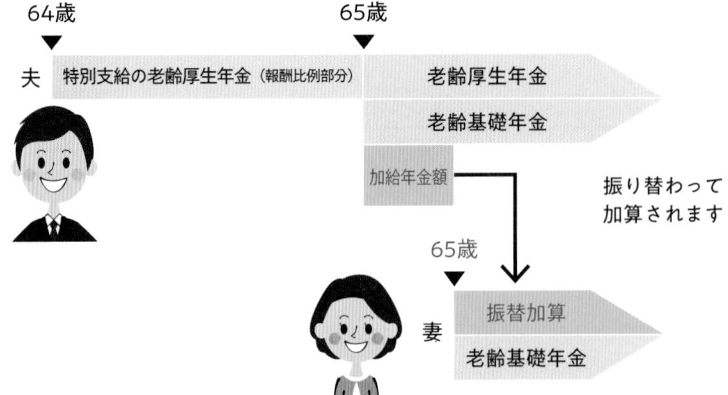

老齢厚生年金に加給年金額が加算されるためには、老齢厚生年金の受給権者本人が有する厚生年金保険の被保険者期間が原則として25年以上なければならない。 (過去問題)

×➡20年以上なければならない。

V 老齢厚生年金の繰上げ・繰下げ

老齢基礎年金と同様に、老齢厚生年金も**繰上げ支給**の請求・**繰下げ支給**の申出をすることができます（→p27）。繰上げ支給の**減額率**（1ヵ月当たり0.4%）・繰下げ支給の**増額率**（1ヵ月当たり0.7%）も老齢基礎年金と**同様**です。注意点は次のとおりです。

繰上げ支給	繰下げ支給
老齢基礎年金と老齢厚生年金は、**同時に繰上げ支給の請求**をしなければならない	老齢基礎年金と老齢厚生年金は、いずれかのみ**繰下げ支給の申出**ができる ➡同時に行う必要はない

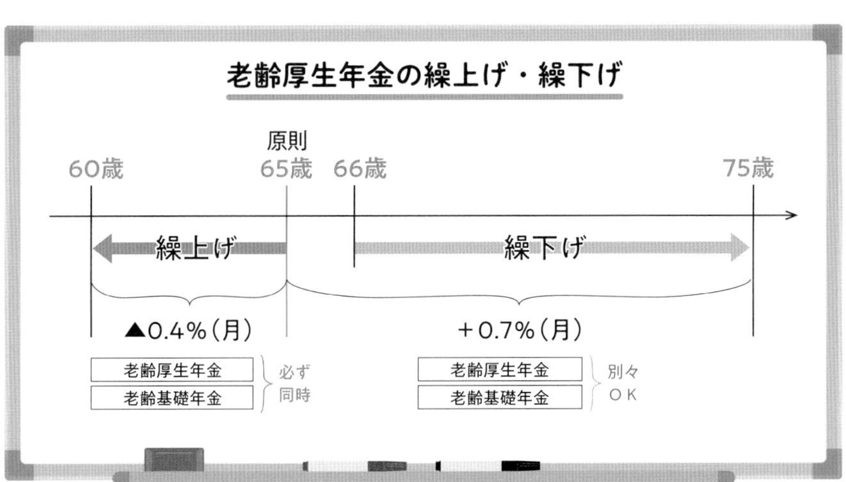

老齢基礎年金を繰下げ受給する場合、繰下げによる加算額を算出する際の増額率は最大30%である。 (過去問題)

×➡最大84%である(1952年4月2日以降生まれの場合)。

Ⅵ 在職老齢年金

60歳以降も在職しながら受け取る老齢厚生年金を、**在職老齢年金**といいます。**①1ヵ月当たりの老齢厚生年金**（**基本月額**）と、**②1ヵ月当たりの給料**（**総報酬月額相当額**）の合計額が**50万円**を超えると、年金額の一部または全部が**支給停止**になります。

つまり、在職老齢年金は、働きながら年金をもらうと年金額が減らされる仕組みのことです。

支給停止額（月額）＝（①基本月額＋②総報酬月額相当額－50万円）× $\frac{1}{2}$

正しく直そう!

60歳以上65歳未満の厚生年金保険の被保険者に支給される老齢厚生年金は、その者の総報酬月額相当額と基本月額の合計額が28万円を超える場合、年金額の一部または全部が支給停止となる。（過去問題）

✕➡総報酬月額相当額と基本月額の合計額が50万円を超える場合、年金額の一部または全部が支給停止となる。

❽障害給付

Point
1 **障害給付の全体像** ～全体像をつかもう
2 **障害基礎年金** ～障害等級1級は2級の**1.25**倍の年金額
3 **障害厚生年金** ～1級、2級だけでなく3級もある

1 障害給付の全体像

学科重要度 ★

障害基礎年金と障害厚生年金の全体像は、次のとおりです。

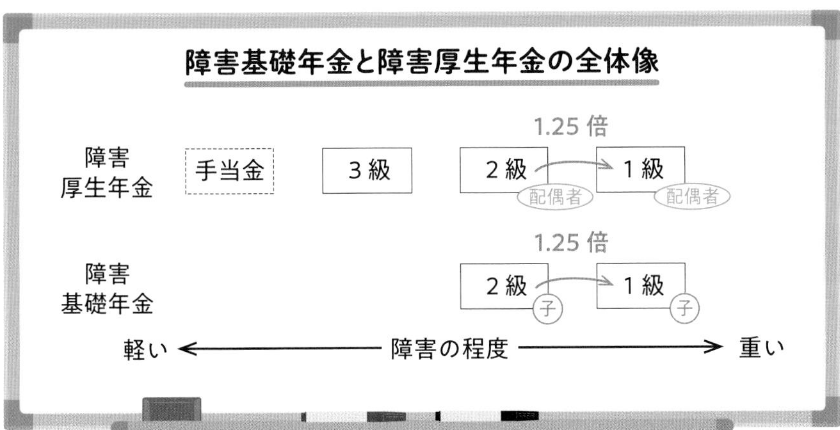

■ 保険料納付要件

障害の状態にあっても、次の**保険料納付要件**を満たしていなければ、障害給付は支給されません。

➡つまり、保険料滞納期間が多いと支給されません。

（原則）初診日の前日において、初診日の属する月の前々月までに被保険者期間があるときは、保険料納付済期間と保険料免除期間を合算した期間が3分の2以上あること

➡つまり、保険料滞納期間が3分の1を超えないこと

（特例）原則を満たせない場合、初診日の前日において、初診日の属する月の前々月までの直近の1年間に保険料滞納期間がないこと

2 障害基礎年金

障害基礎年金は、**障害認定日**において障害等級１級、２級の状態にある場合に支給されます。

↓ 初診日から１年６ヵ月を経過した日（その期間内に傷病が治った＝固定した場合は、その日）

■ 障害基礎年金の年金額（2024年度価額）

障害等級１級	81万6,000円（２級）×1.25倍＋（子の加算） ➡金額は遺族基礎年金と同じ（→p 36）
障害等級２級	81万6,000円＋（子の加算） ➡老齢基礎年金の満額（→p 25）

障害等級1級に該当する者に支給される障害基礎年金の額は、障害等級2級に該当する者に支給される障害基礎年金の額の1.5倍に相当する額である。
（過去問題）

✕➡1級は、2級の1.25倍に相当する額である。

3 障害厚生年金

学科重要度
★★★

障害厚生年金は、**障害認定日**において障害等級１級、２級、３級の状態にある場合に支給されます。また、３級より軽い一定の障害のときは、**障害手当金**（一時金）が支給されます。

■ 障害厚生年金の年金額

障害等級１級	報酬比例部分の年金額（２級）×1.25倍＋（配偶者加給年金額） ➡老齢厚生年金の年金額のこと
障害等級２級	報酬比例部分の年金額＋（配偶者加給年金額）
障害等級３級	報酬比例部分の年金額

⑨遺族給付

Point
1 **遺族基礎年金** ～もらえる遺族は「子のある配偶者」「子」だけ
2 **遺族厚生年金** ～計算の仕組みや**中高齢寡婦加算**が重要！

1 遺族基礎年金

学科重要度

I 保険料納付要件

国民年金の被保険者などが死亡しても、次の**保険料納付要件**を満たしていなければ、遺族基礎年金は支給されません。

➡つまり、保険料滞納期間が多いと支給されません。

(原則) 死亡日の前日において、死亡日の属する月の前々月までに被保険者期間があるときは、保険料納付済期間と保険料免除期間を合算した期間が3分の2以上あること
➡つまり、保険料滞納期間が3分の1を超えないこと

(特例) 原則を満たせない場合、死亡日の前日において、死亡日の属する月の前々月までの直近の1年間に保険料滞納期間がないこと

障害給付の保険料納付要件（→p33）の「初診日」が「死亡日」に変わっただけで、覚える数字などは同じです。

II 遺族の範囲 (実技保険)

遺族基礎年金を受給できる遺族は、死亡した人によって生計を維持されていた、**「子のある配偶者」または「子」だけ**です。

➡母子家庭の母、父子家庭の父のこと。再婚すると受給権は消滅します。

■ **子の要件** ➡障害基礎年金の子も同じです。

- 18歳到達年度末日（3月31日）までの未婚の子 ➡一般に高校卒業までの子
- 20歳未満で障害等級1級または2級の未婚の子

Ⅲ 遺族基礎年金の年金額 計算 実技保険 実技個人

公式 遺族基礎年金の年金額（2024年度価額）
＝81万6,000円＋子の加算

老齢基礎年金の満額（→p25）

■子の加算額

1人目、2人目の子	1人につき23万4,800円
3人目以降の子	1人につき7万8,300円

計算問題にチャレンジ！

問題 夫が死亡し、妻と子2人（21歳、16歳）が遺族である場合、妻に支給される遺族基礎年金の年金額はいくら？

解答 81万6,000円＋23万4.800円（16歳の子1人分）＝105万800円

➡21歳の子は対象になりません。

講師のポイント講義

試験では、年金額ではなく計算式の三択問題なので、子の加算額の金額を正確に覚えていなくても解答できます。「2人目までは1人23万円くらい、3人目以降はうんと少なくなる」と覚えておけばOK!

2 遺族厚生年金

学科重要度 ★★★

Ⅰ 遺族の範囲

遺族厚生年金を受給できる遺族は、死亡した人によって生計を維持されていた一定の遺族で、次の**優先順位**によります。**兄弟姉妹は含まれません。**

第1順位		第2順位		第3順位		第4順位
配偶者と子	➡	父母	➡	孫	➡	祖父母

遺族の頭文字で「はいしふそんそ」と覚えるのがおススメ！ 優先順位もわかるし、兄弟姉妹が含まれないこともわかります。

Ⅱ 遺族厚生年金の年金額

遺族厚生年金の年金額＝老齢厚生年金の報酬比例部分の額×$\frac{3}{4}$

厚生年金保険の被保険者（=在職中の人）が死亡したときは、被保険者期間が300月未満の場合、300月とみなして計算します。

遺族厚生年金の額は、原則として、死亡した者の厚生年金保険の被保険者期間を基礎として計算した老齢厚生年金の報酬比例部分の額の3分の2相当額である。（過去問題）

✕➡4分の3相当額である。

Ⅲ 中高齢寡婦(かふ)加算 重要

夫が死亡したことにより、**40歳以上65歳未満の妻**が受給する遺族厚生年金には、一定の要件を満たした場合、**中高齢寡婦加算**が加算されます。

■ 中高齢寡婦加算が支給される妻

- 夫の死亡時に、**40歳以上65歳未満**で**子がいない**妻
  ➡子がいないため、遺族基礎年金を受給できない妻のことです。
- 夫の死亡時には子がいたが、その**子**が**18歳到達年度末日**に達して**遺族基礎年金を受給できなくなった、40歳以上65歳未満の妻**

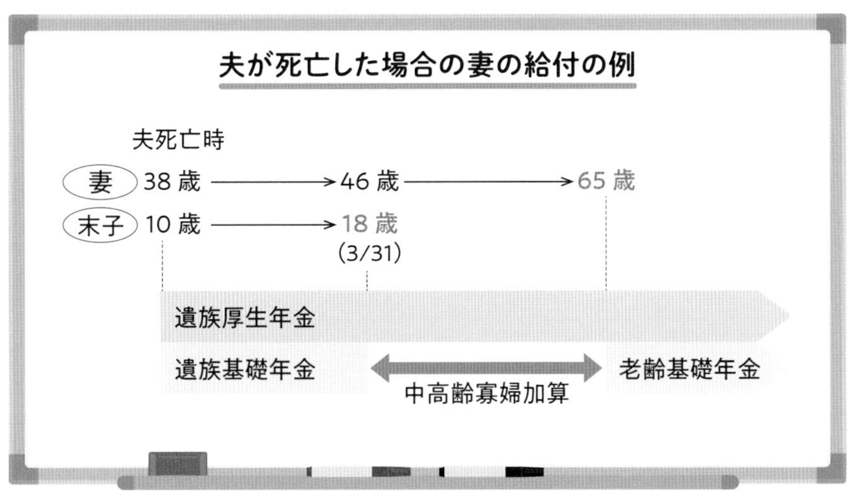

⑩その他の年金制度

Point

1 **確定拠出年金** ～運用商品を自分で選ぶ年金制度

2 **自営業者のための年金制度** ～**付加年金**の計算式が重要！

3 **年金と税金** ～支払った保険料や掛金の**所得控除**を整理！

1 確定拠出年金

学科重要度 ★★★

確定拠出年金は、**拠出する（積み立てる）掛金はあらかじめ確定**していますが、**運用方法は加入者自らが選択**し、その**運用実績によって年金額が決まる**年金制度です（運用リスクは加入者が負います）。

（1）個人型年金と企業型年金

確定拠出年金には、個人が任意で加入する**個人型年金**（愛称iDeCo（イデコ））と、企業が企業年金として実施する**企業型年金**があります。

	個人型年金(iDeCo)	企業型年金
加入対象者	・国民年金の第1号被保険者 ・国民年金の第2号被保険者(65歳未満) ・国民年金の第3号被保険者	企業型年金を実施する企業に勤務する厚生年金保険の被保険者(70歳未満)
掛金の拠出	加入者（個人） ＊中小事業主掛金納付制度(iDeCo＋（イデコプラス）)では、事業主も掛金を拠出できる	事業主 ＊規約に定めた場合、加入者(個人)も拠出できる ➡マッチング拠出という
	拠出限度額は、年単位（毎月定額の拠出が基本であるが、年1回以上任意に決めた月にまとめて拠出できる）	

■ 年金制度と確定拠出年金の概要（2024年4月1日現在）

＊金額は**年額の拠出限度額**（毎月定額で拠出する場合の1ヵ月当たりの限度額は、年額の拠出限度額を12で割った額となる）

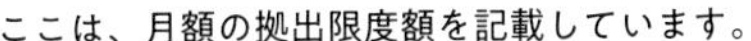

ここは、月額の拠出限度額を記載しています。

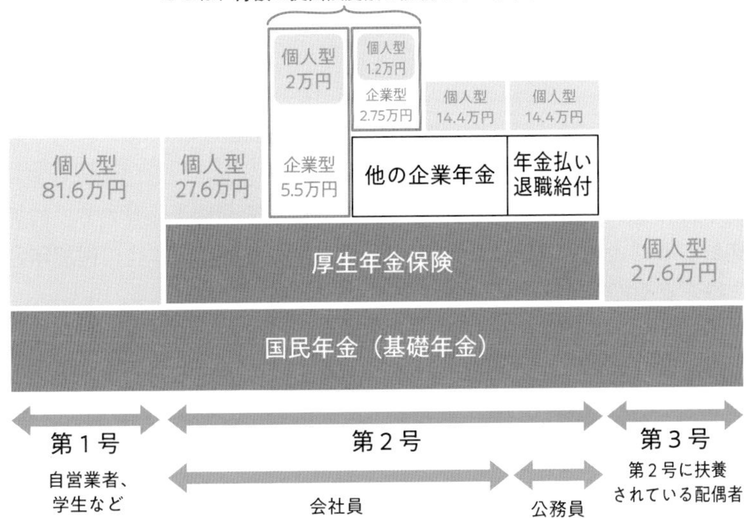

（2）年金資産の運用

確定拠出年金を運営している「運営管理機関」がラインアップする3つ以上の金融商品の中から、**加入者が選択**して運用の指図をします。

（3）年金資産の移換（ポータビリティ）

退職・転職した場合などには、積み立てた年金資産を個人型年金や企業型年金に移換（持ち運び）します。原則として、60歳まで受け取ることはできません。

（4）給付

確定拠出年金の給付には、老齢給付金、障害給付金、死亡一時金の3種類があります。**老齢給付金**は、**通算加入者等期間**が**10年以上**ある場合、**60歳**から年金または一時金で受け取ることができます。なお、受給開始の上限年齢は、75歳です。

（5）税制上の優遇（税制メリット）重要

掛金の拠出時	個人の掛金は、全額、小規模企業共済等掛金控除の対象
運用中	運用中の収益は非課税
受給時（老齢給付金）	一時金は退職所得、年金は公的年金等の雑所得

2 自営業者のための年金制度

学科重要度 ★★★

自営業者（**国民年金の第1号被保険者**）が、将来、公的年金から受給できる老齢給付は**老齢基礎年金**だけです。自営業者は、老後の年金収入を増やすために、次のような制度を利用できます。

Ⅰ 国民年金の付加年金 重要 計算 実技保険

国民年金の第1号被保険者は、国民年金の定額保険料に上乗せして、**付加保険料**を納付することができます。将来、**65歳**から、老齢基礎年金に**付加年金**が上乗せされて支給されます。

公式
付加保険料＝月額400円
付加年金の年金額＝200円×付加保険料納付済月数

老齢基礎年金を繰上げ・繰下げすると、**付加年金も同じく繰上げ・繰下げ**されます。繰上げ支給の減額率（1ヵ月当たり0.4%）・繰下げ支給の増額率（1ヵ月当たり0.7%）も老齢基礎年金と同様です（→p 27）。

計算例

付加保険料を300月納付した場合、65歳から受給できる付加年金の年金額は？

答➡200円×300月＝6万円

Ⅱ 国民年金基金 実技保険

国民年金の第1号被保険者は、国民年金基金に加入することができます（任意に脱退はできません）。**国民年金基金の加入員は、国民年金の付加保険料を納めることはできません。**

（1）国民年金基金の種類

2019年４月に、都道府県ごとの「地域型国民年金基金」と、22の職種別の「職能型国民年金基金」が合併し、「**全国国民年金基金**」となりました。その他に、３つの「職能型国民年金基金」があります。**いずれか一方**の基金にしか加入できません。

（2）年金の種類

加入は口数制で、年金額や給付の型（７種類）は加入者が選択しますが、**１口目は必ず終身年金**としなければなりません。２口目以降は**終身年金**または**確定年金**から選択できます。**終身年金**は**65歳**から支給が開始され、確定年金は60歳または65歳から支給が開始されます。

国民年金基金の掛金＝**月額上限６万8,000円**
（確定拠出年金の個人型年金の掛金との合計）
➡掛金の額は、給付の型、加入口数、年齢、性別で決まる

Ⅲ 確定拠出年金の個人型年金（iDeCo）（実技保険）

国民年金の第１号被保険者が確定拠出年金の個人型年金に加入する場合、**掛金の年額上限**は**81万6,000円**となります（→p39）。ただし、国民年金の保険料の免除を受けている場合は、加入できません。

確定拠出年金の個人型年金の掛金＝**年額上限81万6,000円**
（国民年金基金の掛金、付加保険料との合計）

Ⅳ 小規模企業共済制度

小規模企業共済制度は、個人事業主が**事業を廃止**した場合や小規模会社の**役員が退職**した場合などに、**共済金（退職金）**が**一括**または**分割**で支払われる制度です。国民年金基金や確定拠出年金の個人型年金と重複して加入できます。

小規模企業共済制度の掛金＝月額1,000円～７万円（500円単位）

中小企業退職金共済制度（中退共）（実技保険）

中小企業の従業員を対象とした退職金制度で、従業員が退職したときは、この制度から直接従業員に退職金が支払われます。**掛金は全額事業主が負担（全額損金）**し、従業員１人につき**月額３万円が上限**となっています。新たに加入した企業には、加入後４ヵ月目から**１年間**、国が掛金の**２分の１**を助成します。

3 年金と税金

学科重要度 ★★★

「第4章 タックスプランニング」で所得税を学習してから、ここを学習したほうが理解しやすいです。

I 公的年金と税金

保険料	全額、社会保険料控除として所得控除の対象となる ➡国民年金、付加年金、厚生年金保険の保険料が対象
年金	・老齢給付…………………公的年金等の雑所得 ・障害給付、遺族給付……非課税

II その他の年金制度と税金 重要

（1）個人の掛金と所得控除

年金制度	所得控除の種類
国民年金基金	全額、社会保険料控除
確定拠出年金 **小規模企業共済制度**	全額、小規模企業共済等掛金控除

（2）受取と所得税

	国民年金基金	確定拠出年金、小規模企業共済制度、中小企業退職金共済制度
一括受取	（不可）	退職所得
分割受取	公的年金等の雑所得	

一括受取の場合、一時所得ではないので注意！

正しく直そう！

確定拠出年金の個人型年金の老齢給付金を一時金で受け取った場合、当該老齢給付金は、一時所得として所得税の課税対象となる。（過去問題）

✕➡退職所得として所得税の課税対象となる。

第2章

リスク管理

学科試験

生命保険、損害保険の商品の特徴についてよく問われます。保険料・保険金と税金も重要です。

実技試験

実技保険	法人のニーズと経理処理が特に重要です。2事例が出題されます。
実技個人	出題されません。
実技資産	生命保険証券の読み取り問題が毎回出題されます。

学科試験の重要度

❶生命保険の仕組み

Point

1 **基本用語** ～生命保険の**基本用語**を学ぶ
2 **生命保険の原則** ～**大数の法則**と**収支相等の原則**の２つ
3 **保険料の仕組み** ～保険料の基礎となる**３つの基礎率**とは？
4 **配当金の仕組み** ～余ったお金を契約者に戻す
5 **必要保障額** 計算 ～実技保険では頻出！

1 基本用語

学科重要度 ★★★

■ 契約の関係者

契約者	保険会社と保険契約を締結し、契約上の権利と義務（保険料支払義務）を持つ人
被保険者	生死、災害、疾病について保険の対象となっている人
保険金受取人	契約者から保険金・給付金・年金の受取を指定された人

■ お金に関する用語

保険料	契約者が保険会社に払い込むお金
保険金	保険金支払事由（被保険者の死亡・高度障害・満期など）が起きたとき、保険会社から保険金受取人に支払われるお金（死亡保険金・高度障害保険金・満期保険金） ➡入院や手術の場合には、給付金という場合が多い（入院給付金など） ➡死亡保障のある契約では、**高度障害状態**になった場合、死亡保険金と同額の**高度障害保険金**が支払われて契約が消滅する
解約返戻金（へんれい）	生命保険契約を解約したときに契約者に戻されるお金 ➡保険種類や解約時期などにより金額は異なり、解約返戻金がない場合もある（保障性重視の保険など）

主契約と特約

主契約	生命保険のベースとなる部分
特約	主契約に付加して契約するオプションのこと ➡主契約が満期や解約などで消滅すると、特約も消滅する

＊主契約がなく、必要な特約を組み合わせて契約する商品もあります（特約組立型保険）。

2 生命保険の原則

学科重要度 ★

生命保険の保険料は、**大数の法則**と**収支相等の原則**に基づいて算出されます。

大数の法則	少数では不確定なことでも、大数でみると一定の法則があること。人の性別・年齢別の死亡率にも当てはまるため、性別・年齢別に保険料は異なる
収支相等の原則	「契約者が支払う保険料の総額＋運用益（保険会社の収入）」と、「保険会社が保険金受取人に支払う保険金の総額＋経費（保険会社の支出）」とが相等（あいひと）しくなること

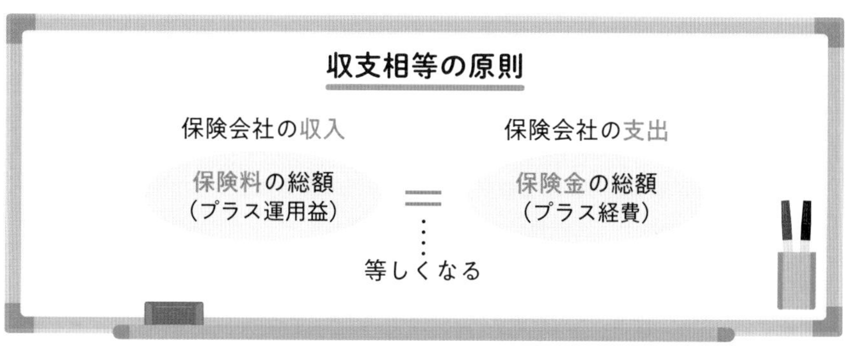

3 保険料の仕組み

学科重要度 ★★★

生命保険の保険料は、**大数の法則**と**収支相等の原則**に基づき、**3つの予定基礎率（予定死亡率・予定利率・予定事業費率）**を用いて算出されます。

予定死亡率	死亡率をもとに、将来の保険金支払に必要な保険料を計算する ➡予定死亡率が低いと、死亡保険の保険料は安くなる ➡予定死亡率が低いと、終身年金の保険料は高くなる
予定利率	保険料の運用で得られる収益を予定して、予定利率で割り引かれる ➡予定利率が高いと、保険料は安くなる
予定事業費率	保険会社が、保険事業の運営上必要と予定される経費の割合 ➡予定事業費率が低いと、保険料は安くなる

保険料の構成 重要

生命保険の保険料は、**純保険料**と**付加保険料**に分けることができます。

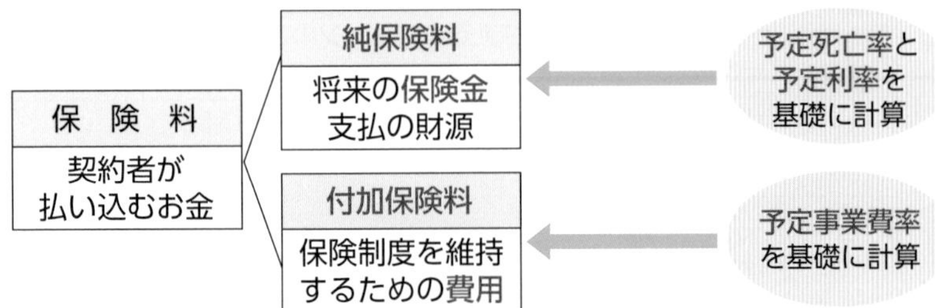

4 配当金の仕組み

学科重要度 ★

３つの**予定基礎率**は、余裕を見込んで計算しているため、実際との差である**剰余金**（差益）が生じます。保険会社は、剰余金の一部を契約者に**配当金**として支払います。ただし、配当金の支払われない**無配当保険**もあります。

剰余金の３利源（剰余金が生じる３つの原因）

死差益	予定死亡率による死亡者数よりも実際の死亡者数が少なかった場合
利差益	予定利率による運用収益よりも実際の運用収益が多かった場合
費差益	予定事業費率による事業費よりも実際の事業費が少なかった場合

剰余金と配当金

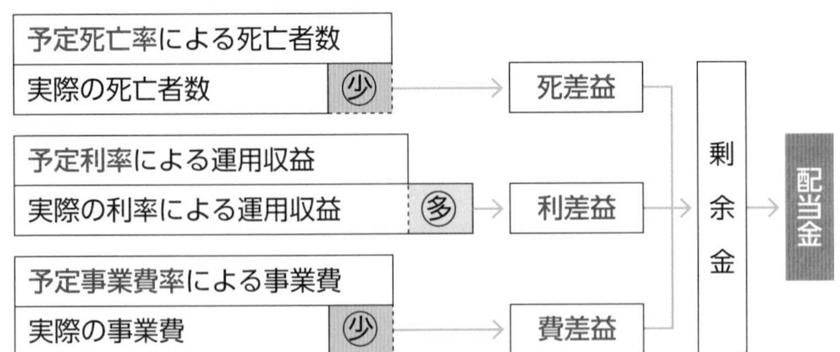

5 必要保障額 （実技保険）

学科重要度 ★★★

（実技保険）では、計算や考え方が頻出です。その他の実技試験では出題されていません。

世帯主（一般に夫）などが死亡した場合に、**残された遺族に必要な生活資金**から**収入見込額**を差し引いた不足額を**必要保障額**といい、この不足額が、生命保険で準備する目安となります。必要保障額は子の成長とともに**減少**していきます。

必要保障額＝(1)遺族生活資金の総額－(2)遺族の収入見込額

（1）遺族生活資金の総額（遺族生活資金＋別途必要資金）

遺族生活資金（①＋②）	①遺族の生活資金（末子独立まで） 現在の日常生活費×70%×12ヵ月×（22歳－末子の現在年齢） ②妻の生活資金（末子独立後） 現在の日常生活費×50%×12ヵ月×末子22歳時の妻の平均余命
別途必要資金	夫の葬儀費用、子の教育資金・結婚援助資金、緊急予備資金、住宅費（家賃） ➡団体信用生命保険（→p13）付の住宅ローンの場合、残債は保険金で完済されるため、別途必要資金には含めない

（2）遺族の収入見込額

保有金融資産、死亡退職金見込額、公的年金見込額、妻の就労収入　など

遺族のための必要保障額（遺族に必要な生活資金等の総額から遺族の収入見込金額を差し引いた金額）は、通常、子どもの成長とともに逓増する。（過去問題）

✕➡必要保障額は、子の成長とともに減少していく。一般に、末子誕生時の必要保障額が最大となる。

計算問題にチャレンジ！ 実技保険

問題 次の場合、夫が死亡した場合の**必要保障額**はいくら?

・夫死亡時の年齢　：妻42歳、末子12歳
・現在の日常生活費：月額25万円
・末子独立時（22歳）の妻の平均余命：36年

別途必要資金	葬儀費用	300万円
	子の教育資金・結婚援助資金	700万円
	緊急予備資金	100万円
	住居費（家賃）の総額	3,500万円
遺族の収入見込額	保有金融資産	600万円
	死亡退職金見込額	1,000万円
	公的年金見込額	5,000万円
	夫死亡後の妻のパート収入の総額	1,500万円

解答 (1) 遺族生活資金の総額（遺族生活資金＋別途必要資金）

・遺族の生活資金（末子独立まで）
25万円×70%×12ヵ月×（22歳－12歳）＝2,100万円

・妻の生活資金（末子独立後）
25万円×50%×12ヵ月×36年＝5,400万円

・遺族生活資金の総額
遺族生活資金　葬儀費用　教育・結婚援助　緊急予備　住居費
2,100万円＋5,400万円＋300万円＋700万円＋100万円＋3,500万円
＝1億2,100万円

(2) 遺族の収入見込額
金融資産　死亡退職金　公的年金　パート収入
600万円＋1,000万円＋5,000万円＋1,500万円＝8,100万円

(3) 必要保障額
(1) 1億2,100万円－(2) 8,100万円＝4,000万円

計算ミスのないよう丁寧に計算しよう。

❷生命保険の商品

Point
1 主な生命保険商品 重要 ～各商品の特徴を理解しよう
2 主な特約 ～リビング・ニーズ特約とは？

1 主な生命保険商品

学科重要度 ★★★

I 定期保険

保険期間は**一定期間**で、その間に死亡した場合に**死亡保険金**が支払われます。保険料は掛け捨てで、**満期に生存していても満期保険金はありません**。保障性を重視した保険で、保険期間の短いものは保険料が安くなります。

平準定期保険	保険期間中、保険金額が一定で変わらない定期保険
逓増定期保険	保険期間の経過に伴い保険金額が増加する定期保険 ➡保険期間中に保険料は増加せず一定
逓減定期保険	保険期間の経過に伴い保険金額が減少する定期保険 ➡保険期間中に保険料は減少せず一定 ➡子の成長とともに必要保障額が減少する場合に適している
収入保障保険	死亡保険金が、契約時に定めた満期まで年金形式で支払われる (例) 夫が死亡したら、妻に、10年間にわたり100万円が支払われる ➡保険金を**一括**で受け取ることもできるが、一括で受け取る保険金は、年金で受け取る場合の受取総額より**少なくなる**

〈平準定期保険〉

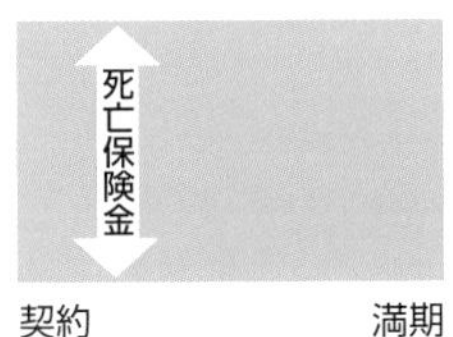

←― 保険期間 ―→

〈逓増定期保険〉

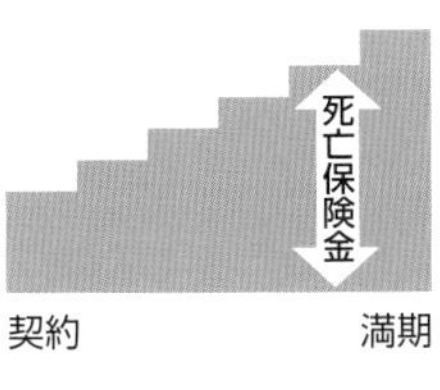

←― 保険期間 ―→

〈逓減定期保険〉

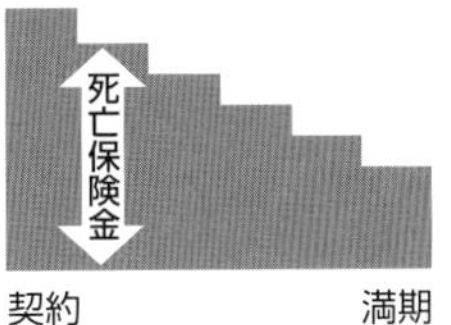

←― 保険期間 ―→

Ⅱ 終身保険

いつ死亡しても、**死亡保険金**が支払われます。

保険期間は**一生涯（終身）**で、**満期はありません。** 保険料は高いですが、解約時の解約返戻金が多く、**貯蓄性**も兼ねています。ただし、加入後早期に解約した場合、解約返戻金は払込保険料を**下回り**ます。

なお**低解約返戻金型**の場合、保険料払込期間中の解約返戻金が低く抑えられるため、**保険料が割安**です。

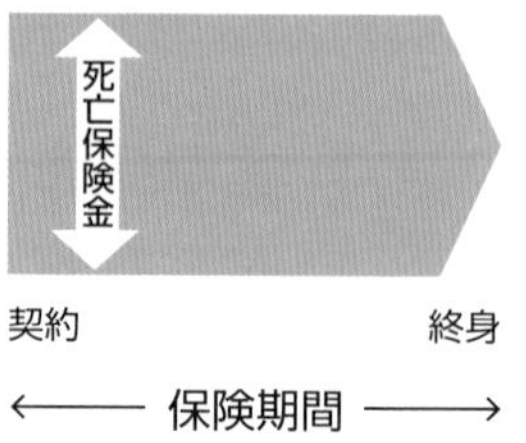

Ⅲ 養老保険

保険期間は**一定期間**で、その間に死亡した場合には**死亡保険金**が支払われ、満期時に生存していた場合には**満期保険金**が支払われます。

死亡保険金と満期保険金は**同額**です。

保険料は高く、貯蓄性を重視した保険です。

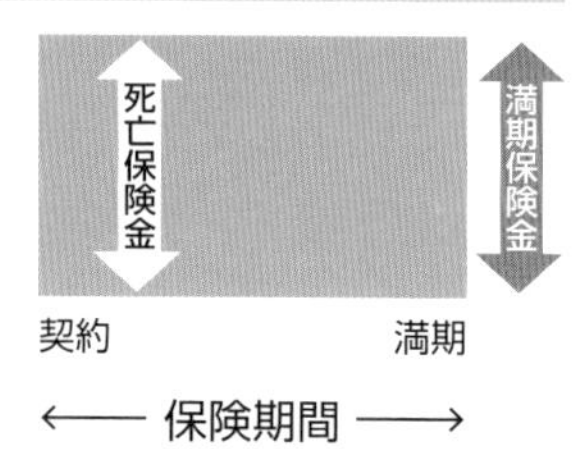

Ⅳ 定期保険特約付終身保険

主契約を終身保険とし、定期保険特約を付加することで、一定期間の死亡保障を高額にした保険です。一定期間で更新する**更新型**の場合、**更新後の保険料**は、更新時に再計算されるため、通常、更新前よりも**高く**なります。なお、更新時に**告知は不要**なため、健康状態が悪くなっていても更新できます。

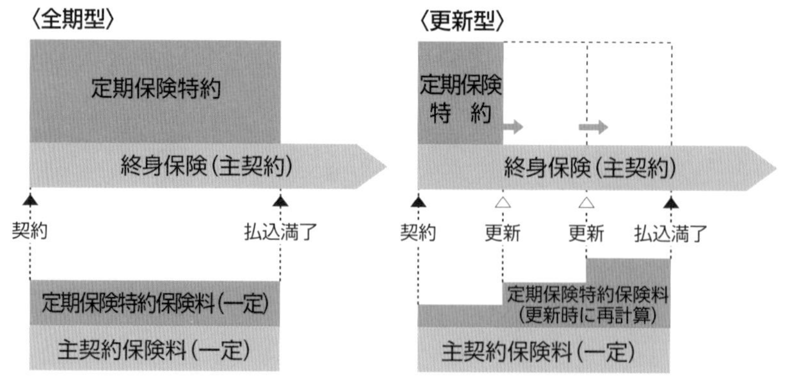

V 特定（三大）疾病保障保険

①**がん**、②**急性心筋梗塞**、③**脳卒中**の特定（三大）疾病により所定の状態になったとき、生前に**特定疾病保険金**が支払われます。

特定疾病保険金を

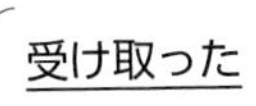

受け取った

契約は消滅するため、その後死亡しても死亡保険金は支払われない

受け取っていない

死亡原因にかかわらず死亡保険金が支払われる

特定疾病保障定期保険では、一般に、被保険者が保険期間中に特定疾病以外の原因により死亡した場合、保険金は支払われない。（過去問題）

×➡生前に特定疾病保険金を受け取っていない場合、死亡原因にかかわらず死亡保険金が支払われる。

VI 個人年金保険 重要

個人年金保険は、契約時に定めた一定の年齢から**年金**を受け取ることができ、**老後の生活資金を準備**するために貯蓄性を重視した保険です。

年金を受け取る期間によって、次のように分類されます。

終身年金	被保険者が生存している限り年金が支払われる（死亡したら打ち切り） 〈保証期間付終身年金〉 保証期間中は被保険者の生死にかかわらず年金が支払われ、その後は被保険者が生存している場合に限り年金が支払われる ➡保証期間中に被保険者が死亡した場合、残りの保証期間の年金または一時金が遺族に支払われる
確定年金	被保険者の生死にかかわらず、一定期間、年金が支払われる ➡年金受取期間中に被保険者が死亡した場合、残りの期間の年金または一時金が遺族に支払われる
有期年金	被保険者が生存している場合に限り、一定期間、年金が支払われる 〈保証期間付有期年金〉 保証期間中は被保険者の生死にかかわらず年金が支払われ、その後は一定の年金受取期間中に被保険者が生存している場合に限り年金が支払われる ➡保証期間中に被保険者が死亡した場合、残りの保証期間の年金または一時金が遺族に支払われる

■ 10年保証期間付終身年金

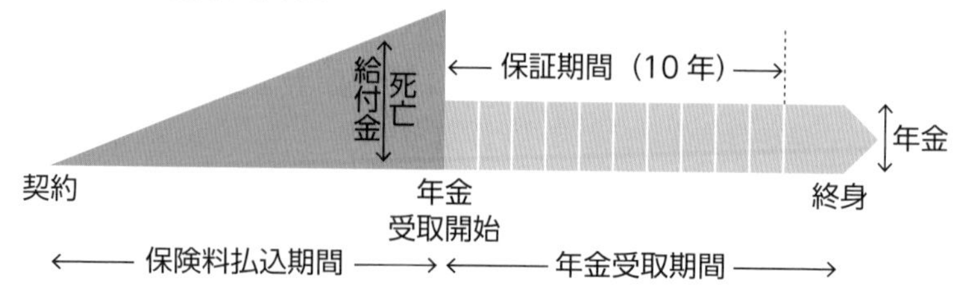

■ 10年確定年金

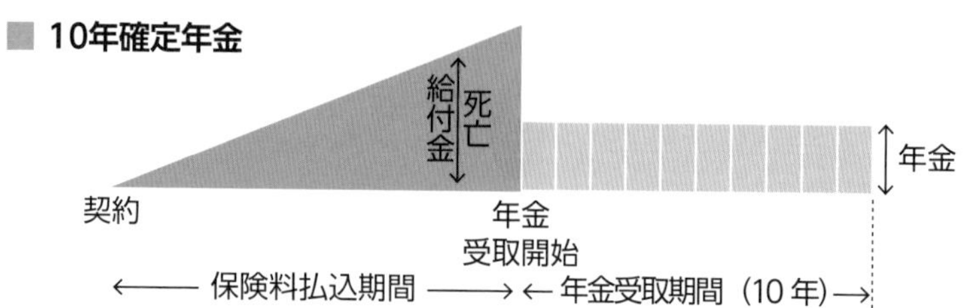

■ 変額個人年金保険

株式や債券などを中心に資産を**特別勘定**で運用し、その運用実績によって、**年金や解約返戻金などが増減する個人年金保険**です。ただし、年金原資、年金受取総額、**死亡給付金**について**最低保証**のあるタイプが主流です。解約返戻金については、一般に、最低保証はありません。

2 主な特約

学科重要度 ★★

I 不慮の事故による死亡に備える特約

災害割増特約	不慮の事故で180日以内に死亡した場合、主契約の死亡保険金に上乗せして災害死亡保険金が支払われる
傷害特約	災害割増特約と同じ保障に加えて、不慮の事故で所定の障害状態になった場合、障害の程度に応じて障害給付金が支払われる

II リビング・ニーズ特約

病気やケガなどの**原因にかかわらず**、**余命6ヵ月以内**と判断された場合、死亡保険金の一部または全部が特約保険金として**生前に支払われます**。その際、**6ヵ月分**の利息と保険料が差し引かれます。

この特約の**保険料**は**不要**です。

❸生命保険のルール

Point

1. **告知義務** ～ 保険に加入する際には**告知**が必要
2. **責任開始期（日）** ～加入した保険の**保障**が**開始**するのはいつ？
3. **保険料の払込みと猶予期間** ～保険料を払わずにいると…
4. **失効と復活** ～**失効**した契約を**復活**するためには？
5. **貸付制度** ～**自動振替貸付**と**契約者貸付**がある
6. **払済保険と延長（定期）保険** 重要 ～２つの特徴を整理！
7. **契約転換制度** ～加入中の保険を**下取り**に出す

1 告知義務

学科重要度 ★★

契約にあたって告知義務者（契約者または被保険者）は、過去の傷病歴、**現在の健康状態**、職業など、**保険会社が告知を求めた事項**について、事実の告知をしなければなりません（**質問応答義務**）。なお、生命保険募集人に口頭で伝えただけでは告知をしたことになりません（生命保険募集人に告知受領権はありません）。

保険法上、**告知義務違反**があった場合、保険会社は契約を**解除**できますが、解除の原因を知ってから１ヵ**月間**解除権を行使しない場合（または契約締結時から５**年**経過した場合）には、**解除権は消滅**します。

2 責任開始期（日）

学科重要度 ★

契約後に保障が開始する時期のことを、**責任開始期（日）**といいます。

責任開始期（日）は
①**申込み**
②**告知**または診査
③**第1回保険料**充当金の払込み
の**すべてが完了した日です。**

3 保険料の払込みと猶予期間

保険料を払い込むべき月のことを**払込期月**といいます。払込期月に保険料を払い込まなくても、保険会社は、次の**払込猶予期間**の間は保険料の払込みを待ち、その間、保障は有効に継続します。

■ 保険料の払込猶予期間

月払いの契約	払込期月の翌月初日から末日まで （例）払込期月が８月の場合、払込猶予期間は９月１日から９月30日まで
半年払い・年払いの契約	払込期月の翌月初日から翌々月の月単位の契約応当日まで （例）払込期月が８月（契約応当日が８月５日）の場合、払込猶予期間は、９月１日から10月５日まで

4 失効と復活

学科重要度
★

払込猶予期間を経過しても保険料の払込みがない場合、契約は**失効**します（保障はなくなります）。失効後、所定の期間内に告知または診査を行い、保険会社の承諾を得て、延滞した**保険料をまとめて払い込む**ことで、**契約を元に戻す**ことができます。これを、**復活**といいます。

復活後の保険料は、**失効前の保険料**と変わりません。

失効した生命保険契約を復活させる場合、延滞した保険料をまとめて払い込まなければならないが、その際の保険料には復活時の保険料率が適用される。（過去問題）

×➡延滞保険料や復活後の保険料は、失効前の保険料と変わらない。

5 貸付制度

学科重要度
★

契約者が保険会社から貸付を受ける制度には、**自動振替貸付制度**と**契約者貸付制度**があります。

自動振替貸付制度（保険料の立替え）	解約返戻金の範囲内で、保険会社が自動的に保険料を立て替えて契約を有効に継続させる制度
契約者貸付制度	契約者が解約返戻金の一定範囲内（同額ではない！）で、保険会社から貸付を受けることができる制度 ➡貸付金はいつでも返済できる（利息がかかる） ➡未返済のまま保険金が支払われる事由が発生した場合、保険金から元金と利息が差し引かれる ➡法人がこの制度を利用する場合、借入金として負債に計上する経理処理が必要である

6 払済保険と延長（定期）保険

学科重要度 ★★★

加入中の保険を、**払済保険**や**延長（定期）保険**へ変更することで、その後、保険料を支払わずに、**契約を有効に続ける**ことができます。これらの制度を利用するにあたって、告知または診査は不要です。

なお、元の契約に**付加していた入院特約などは原則、すべて**消滅します。

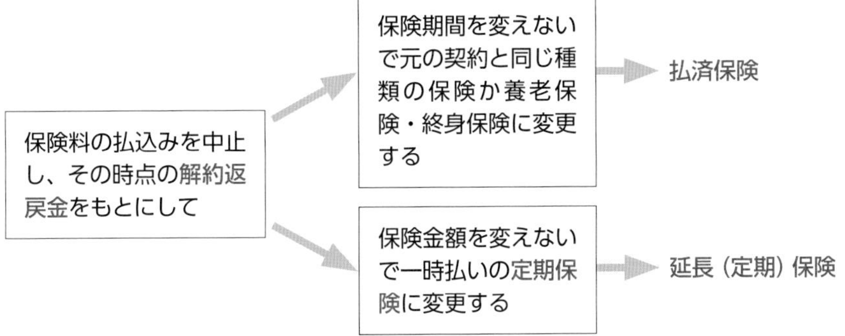

■ 払済保険のイメージ（養老保険）

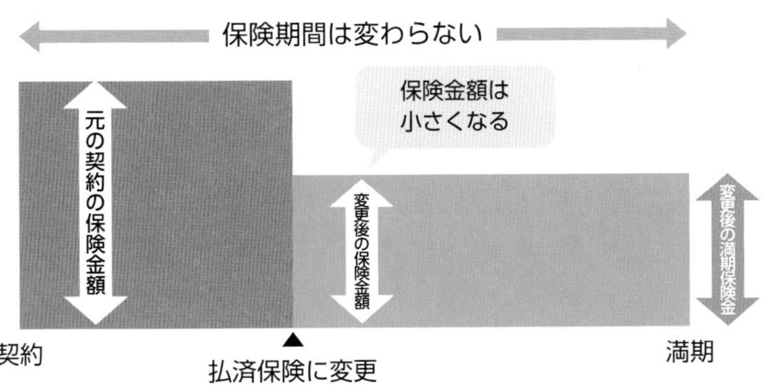

■ 延長（定期）保険のイメージ（元の契約が養老保険）

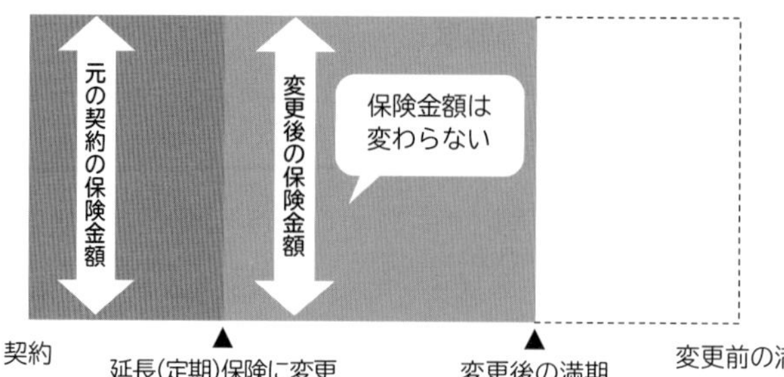

払済保険とは、保険料の払込みを中止して、その時点での解約返戻金をもとに、保険金額を変えないで、一時払いの定期保険に切り替えることである。（過去問題）

✕➡定期保険に切り替えるものは、延長（定期）保険である。

7 契約転換制度

学科重要度 ★★

契約転換制度とは、保険の**下取り制度**です。現在の契約で積み立てられた金額を転換価格（下取り価格）として新しい契約の一部に充当する方法です。元の契約は消滅し、新しく保険の契約をすることになります。

契約転換には告知または診査が必要で、新しい契約の保険料は、**転換時**の年齢・保険料率により計算されます。

契約転換制度を利用して、現在加入している生命保険契約を新たな契約に転換する場合、転換後の保険料には、転換前契約時の保険料率が引き続き適用される。（過去問題）

✕➡転換後の保険料は、転換時の保険料率により計算される。

❹第三分野の保険の商品

Point
1 **第三分野の保険とは** ～病気やケガに備える保険のこと
2 **主な商品** 重要 ～がん保険、先進医療特約などを学ぶ

1 第三分野の保険とは

学科重要度 ★★★

第三分野の保険とは、生命保険（第一分野）と損害保険（第二分野）に該当しない保険で、**病気、ケガ、介護、就業不能状態などに備える保険**のことです。

2 主な商品

学科重要度 ★★★

第三分野の保険の主な商品は、次のとおりです。

医療保険（特約）	病気やケガによる入院・手術などを保障する。入院給付金には、1入院の支払限度日数や、通算支払限度日数が定められている ➡同じ疾病で再入院した場合、1回目の入院の退院後、180日以内に再入院したときは、合わせて1入院とみなされる ➡入院1日目から入院一時金が支払われるタイプもある
がん保険	保障対象をがんに限定した保険。入院給付金に支払限度日数はない。一般に、契約日から3ヵ月間または90日間の免責期間（待ち期間）が設定され、この期間にがんと診断された場合、給付金は支払われない
介護保障保険	所定の要介護状態となった場合に、介護一時金や介護年金が支払われる
先進医療特約	公的医療保険では全額自己負担となる先進医療を受けた場合、その技術料相当額の給付金が支払われる。対象となる先進医療は、療養を受けた時点で厚生労働大臣が承認しているものである➡契約時点で承認されているものではない なお、所定の先進医療について、保険会社から医療機関へ直接技術料を支払う制度を利用できる場合がある
所得補償保険 就業不能保険	病気やケガで仕事ができず給料・報酬が受け取れない場合などの所得の喪失に対して保険金が支払われる 精神疾患による就業不能を保障の対象とする商品もある

❺損害保険の仕組み

Point

1. **基本用語** ～損害保険の**基本用語**を学ぶ
2. **保険料の仕組み** ～**純保険料**と**付加保険料**に区分できる
3. **保険価額と保険金額** ～**一部保険**の場合の**比例てん補**が重要！
4. **失火責任法** 重要 ～失火により隣家を焼失させたら？

1 基本用語

学科重要度 ★

損害保険は、偶然の事故によって生じた損害に対して保険金が支払われる保険です。損害保険の基本用語には、次のようなものがあります。

保険の対象	保険事故によって損害が発生する可能性のある契約の対象のこと ➡火災保険の建物・家財や自動車保険（車両保険）の自動車など
保険価額	保険の対象の価額のこと ➡保険価額は、保険会社が支払う保険金の最高限度となる
保険金額	契約金額（保険会社が支払う保険金の限度額）のこと
保険金	保険事故によって損害が発生した場合、保険会社が支払うお金のこと

2 保険料の仕組み

学科重要度 ★

損害保険の保険料は、保険会社が支払う保険金の原資となる**純保険料**と、保険会社の経営に必要な諸費用に充当される**付加保険料**から構成されます。

■ **損害保険料の構成**

保険料
- 純保険料 …保険金の支払いに充当される部分
- 付加保険料 …社費（事業を運営するために必要な費用）・代理店手数料、利潤（保険会社の利益）

3 保険価額と保険金額

学科重要度 ★

保険価額と保険金額の関係により、**全部保険**、**一部保険**、**超過保険**に分類することができます。

全部保険	一部保険	超過保険
保険価額＝保険金額	保険価額＞保険金額	保険価額＜保険金額

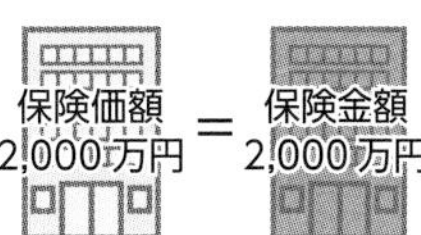

建物が全焼したら
2,000万円支払われる

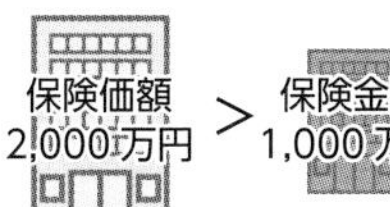

建物が全焼したら
1,000万円支払われる

建物が全焼したら
2,000万円支払われる
（超過した 1,000万円は
支払われない）

一部保険の場合、保険金は、保険金額の保険価額に対する割合に応じて削減されて支払われます。これを、比例てん補といいます。

（例）上の図の例で、建物が半焼（損害額1,000万円）した場合、保険金額が保険価額の2分の1なので、保険金は保険金額（1,000万円）の2分の1の500万円しか支払われません。

4 失火責任法

学科重要度 ★★★

軽過失（ちょっとした不注意）による失火により火災を起こして隣家を全焼させてしまっても、**「失火責任法」が適用され**、火元は隣家に**損害賠償責任を負いません**。重過失による失火やガス爆発事故の場合は、「失火責任法」は適用されず、損害賠償責任を負います。なお、借家の借主が借家を焼失させた場合には、「失火責任法」は適用されず、**貸主に対して損害賠償責任を負います**。

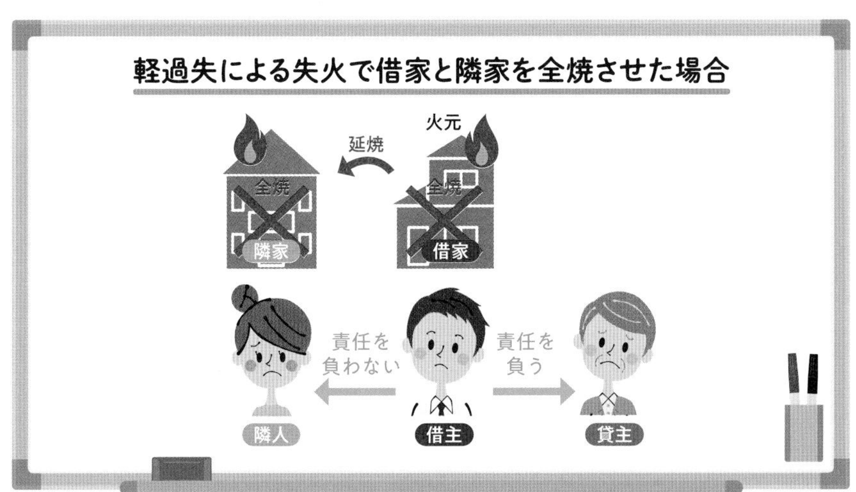

❻損害保険の商品

Point
1 **火災保険・地震保険** 重要 ～**地震保険**の保険金額が重要！
2 **自動車保険** 重要 ～強制加入の**自賠責保険**が特に重要！
3 **傷害保険** 重要 ～**普通傷害保険**と**家族傷害保険**が特に重要！
4 **賠償責任保険** 重要 ～個人向けと企業向けを学ぶ

1 火災保険・地震保険

学科重要度 ★★★

Ⅰ 火災保険

火災保険では、**火災**だけでなく、**落雷**、破裂・**爆発**、**風災**・雪災などの損害も補償の対象としています。ただし、**地震・噴火・津波**による損害は、補償の対象となりません。

補償対象の具体例
- 落雷により、自宅にあるテレビが破損した。
- ガス爆発によって自宅の窓ガラスが破損した。
- 竜巻、突風によって自宅の屋根が破損した。

保険の対象は、**建物**と**動産**（家財など）で、それぞれ保険金額を設定します。

Ⅱ 地震保険 重要

地震・噴火・津波による損害について補償を得るためには、地震保険に加入する必要があります。**地震保険は単独で加入することはできず**、必ず**火災保険に付帯（セット）して加入**します。

保険の対象	・居住用建物 ➡店舗併用住宅もＯＫ ・家財（生活用動産） ➡１個・１組の価額が**30万円超**の貴金属・宝石・骨とう、現金、有価証券は含まれない
保険金額	・主契約である火災保険の保険金額とは別に設定する ・火災保険の保険金額の30％～50％の範囲内で設定するが、建物は5,000万円、家財は1,000万円が上限となる
保険料	・建物の構造と所在地（都道府県）によって異なるが、保険会社によって異なることはない ・４種類の割引制度があるが、重複適用はできない（最高50％） ➡「免震建築物割引」「耐震等級割引」「耐震診断割引」「建築年割引」の４種類
保険金	地震・噴火・津波によって、火災・損壊・埋没・流失による損害を受け、居住用建物や家財の損害の程度が、全損、大半損、小半損、一部損の４区分に該当する場合に、保険金額に対して次の割合の保険金が支払われる

全損	大半損	小半損	一部損
100%	60%	30%	5％

2 自動車保険

学科重要度 ★★★

自動車保険は、法律で加入することが義務付けられている**強制加入**の自賠責保険**（自動車損害賠償責任保険）**と、自賠責保険では補償されない損害について任意で備える**任意の自動車保険**に分けられます。

Ⅰ 自賠責保険（自動車損害賠償責任保険） 重要

自賠責保険は、自賠法**（自動車損害賠償保障法）**によって、原則として**すべての自動車が加入**することを義務付けられています。自賠法では、車を運転する人（運転供用者）が人身事故を起こした場合、原則として被害者に対して賠償責任を負う（実質的な**無過失責任**）こととしています。

➡損害が発生した場合、故意・過失（不注意）がなくても賠償責任を負うこと。

（1）補償の対象

自賠責保険の補償の対象は、**対人賠償事故（人身事故）のみ**で、対物賠償事故（物損事故）は対象となりません。

(2) 保険金の支払限度額

自賠責保険の保険金は、次のように、被害者1人当たりの**支払限度額**が定められています。

- **傷害**……………120万円
- **後遺障害**……4,000万円(障害の程度による)
- **死亡**…………3,000万円

Ⅱ 任意の自動車保険 重要

任意の自動車保険の種類と補償内容は、次のとおりです。

賠償責任保険	対人賠償保険	他人*を死傷させた場合、自賠責保険の支払額を超える部分を補償
	対物賠償保険	他人*の財物に損害を与えた場合を補償
傷害保険	人身傷害補償保険	搭乗者が死傷した場合、自らの過失の有無に関係なく実際の損害額が保険金として支払われる ➡過失相殺により減額されない
	搭乗者傷害保険	搭乗者が死傷した場合を補償
	自損事故保険	搭乗者が死傷したが、自賠責保険から補償を受けられない場合を補償 ➡自損事故とは、相手がいない単独事故などのこと
	無保険車傷害保険	他の自動車との事故で死亡等したが、相手自動車が無保険などのため補償を受けられない場合を補償
車両保険		自分の自動車が、偶然な事故(衝突・接触、火災、盗難、台風・洪水など)により損害を被った場合を補償

*他人には「本人、配偶者、父母、子」は含まれません。

■ リスク細分型自動車保険

性別・年齢・運転歴・地域・使用目的・年間走行距離などリスクを細分化して保険料を算定します。使用目的は、通勤使用よりも**レジャー使用のほうが保険料は割安**になります。

通勤よりもレジャーのほうが使用頻度が低く、事故を起こす可能性が低いためです。

3 傷害保険

学科重要度 ★★★

I 傷害保険の対象となるケガ 重要

傷害保険は、ケガによる死亡・後遺障害・入院・手術・通院などを補償します。傷害保険の対象となるケガは、**「急激かつ偶然な外来の事故」**によるものに限定されます。なお、「急激かつ偶然な外来の事故」によるケガであっても、**地震・噴火・津波**によるものは、**補償の対象となりません。**

■ 急激かつ偶然な外来の事故の例

該当する例 ○	該当しない例 ×
・転倒による骨折 ・交通事故によるケガ ・料理中のやけど	・ジョギングで生じた靴ずれ ・熱中症、日射病 ・細菌性食中毒、ウィルス性食中毒

普通傷害保険(特約付帯なし)では、一般に、被保険者が細菌性食中毒により入院した場合は、保険金支払の対象となる。 (過去問題)

×➡普通傷害保険では、細菌性食中毒は保険金支払の対象とならない。

II 傷害保険の種類 重要

(1) 普通傷害保険・家族傷害保険

普通傷害保険	国内外を問わず、職場内、通勤途上、旅行中も含めて、日常生活のケガを補償する
家族傷害保険	家族を対象とする普通傷害保険 ➡被保険者の範囲は、一般に、**事故発生時における**「本人」「配偶者」「本人または配偶者と生計を共にする同居の親族」「本人または配偶者と生計を共にする**別居の未婚の子**」

家族傷害保険の被保険者の範囲には、被保険者本人と生計を共にしている別居の未婚の子は含まれない。 (過去問題)

×➡本人と生計を共にしている別居の未婚の子は、被保険者に含まれる。

（2）旅行（傷害）保険

普通傷害保険では補償の対象とならない、**細菌性食中毒・ウィルス性食中毒を補償**します。また、旅行行程中のケガを補償しますが、**旅行行程中**とは、「旅行のために**住居を出発してから住居に帰着するまで**」のことをいいます。

国内旅行（傷害）保険	国内旅行行程中のケガを補償する
海外旅行（傷害）保険	海外旅行行程中のケガを補償する。普通傷害保険では補償の対象とならない、地震・噴火・津波によるケガも補償する

海外旅行（傷害）保険では、海外旅行のために、住居を出発してから空港に向かうまでの間のケガも補償の対象です。

■ **傷害保険の補償内容のまとめ**

	細菌性食中毒 ウィルス性食中毒	地震・噴火・津波によるケガ
普通傷害保険	×	×
家族傷害保険	×	×
国内旅行（傷害）保険	○	×
海外旅行（傷害）保険	○	○（海外のみ）

○＝補償の対象　×＝補償の対象外

4 賠償責任保険

学科重要度 ★★★

賠償責任保険は、他人の身体・生命を害したり、他人の財物に損害を与えた場合に、法律上の賠償責任を負担することによって被る損害を補償します。

➡つまり、他人を死傷させたり、他人の物を壊した場合に支払う賠償金に備える保険です。

I 個人賠償責任保険 重要

個人の日常生活上の損害賠償責任を補償する保険です。被保険者の範囲は、家**族傷害保険と同じ**となっており、一定の**家族全員**（→ｐ63）となります。

■ 個人賠償責任保険の補償の対象の例

補償の対象　○	補償の対象外　×
・子が他人をケガさせた（他人の物を壊した） ・ペットが他人に危害を与えた ・自転車事故	・自動車事故 ➡自動車保険の対象 ・業務中の賠償事故 ・同居親族に対する賠償事故

個人賠償責任保険では、被保険者の飼い犬が被保険者と散歩中に通行人に噛みつきケガを負わせ、法律上の損害賠償責任を負うことによって被る損害は、補償の対象とならない。　（過去問題）

×➡ペットが他人に危害を与えた場合、補償の対象となる。

Ⅱ 企業向けの賠償責任保険 重要

	補償の対象となる損害賠償責任
生産物賠償責任保険（PL保険）	製造、販売、提供した商品等の欠陥によって生じた事故 （例）レストランで提供した料理が原因で食中毒が発生した
施設所有（管理）者賠償責任保険	施設の欠陥や管理の不備、施設内の業務遂行中に生じた事故 （例）レストランの従業員が誤って客にケガをさせた
受託者賠償責任保険	他人の財産を保管中に、預かった財産に損害（紛失、盗難、破損）を与えた場合 （例）ホテルのクロークで客から預かった荷物を紛失・盗まれた
請負業者賠償責任保険	建設の請負業者が行う業務中に生じた事故 （例）建築業の従業員が、建築現場で工具を落として通行人にケガをさせた

レストランを運営する企業が、提供した料理が原因で顧客に食中毒が発生したことによる法律上の賠償責任を負担する場合に被る損害に備えるためには、施設所有(管理)者賠償責任保険への加入が適している。　（過去問題）

×➡生産物賠償責任保険への加入が適している。

企業費用・利益総合保険

　火災・爆発等の偶然な事故によって営業が休止・阻害されたことによる利益の減少等に備える保険です。

⑦保険と税金

Point
1 生命保険と税金 重要 ～生命保険料控除、保険金と税金は重要！
2 損害保険と税金 ～地震保険料控除は控除額を覚えよう

1 生命保険と税金

学科重要度 ★★★

I 生命保険料と税金（生命保険料控除）

生命保険料控除は、**所得控除**（→p132）の1つです。対象となる生命保険料を支払った場合に、**所得金額から一定の金額を差し引く**ことができます。**少額短期保険業者**との契約による生命保険料は、**生命保険料控除の対象となりません。**

2011年までに**締結した契約**（旧制度）と、2012年以後**に締結した契約**（新制度）では、種類や控除額、対象となる契約などが異なります。

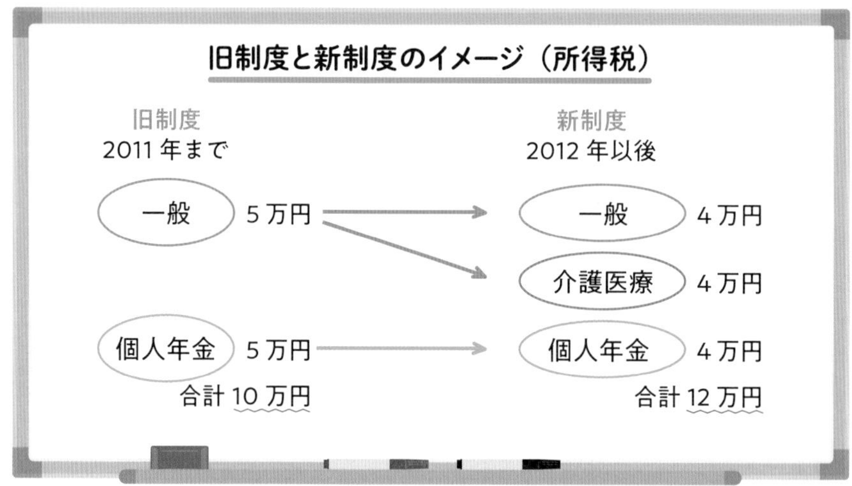

（1）2011年までに締結した契約（旧制度）

「一般の生命保険料控除」と**「個人年金保険料控除」**の2種類があります。「一般の生命保険料控除」は、保険金受取人が、契約者（＝保険料負担者）・配偶者・その他の親族である契約が対象です。

■ **旧制度の控除限度額**

	所得税	住民税
一般の生命保険料控除	5万円*	3万5,000円
個人年金保険料控除	5万円*	3万5,000円
合計の控除限度額	10万円	7万円

*年間払込保険料が10万円超の場合に5万円になります。

(2) 2012年以後に締結した契約(新制度) 重要

「一般の生命保険料控除」と「個人年金保険料控除」に、**「介護医療保険料控除」**が追加され、**3種類**あります。介護医療保険料控除は、医療保険、先進医療特約、がん保険、所得補償保険などの保険料が対象となります。

■ **新制度の控除限度額**

	所得税	住民税
一般の生命保険料控除	4万円*	2万8,000円
介護医療保険料控除	4万円*	2万8,000円
個人年金保険料控除	4万円*	2万8,000円
合計の控除限度額	12万円	7万円

*年間払込保険料が8万円超の場合に4万円になります。

■ **新制度のポイント**

①**身体の傷害のみに基因して保険金が支払われる**災害割増特約、傷害特約、災害入院特約などの保険料は、「新制度」では生命保険料控除の対象になりません。
②「旧制度」の契約を、2012年以後に、**更新**、転換、特約の中途付加をした場合は、以後、**契約全体が「新制度」の対象**になります。
③「旧制度」と「新制度」の両方の契約がある場合の控除限度額は、所得税12万円、住民税7万円となります。

(3) 個人年金保険料控除の適用要件

次の4つの要件をすべて満たし、**「個人年金保険料税制適格特約」**が**付加**された**個人年金保険**の保険料が、対象となります。なお、変額個人年金保険の保険料は対象となりません(一般の生命保険料控除の対象)。

①年金受取人が、契約者・配偶者のいずれかである
②年金受取人と被保険者が同一人である
③保険料払込期間が10年以上である　➡一時払いの契約はダメ！
④有期年金・確定年金の場合、年金受取開始が60歳以上で、年金受取期間が10年以上である　➡終身年金の場合、④の要件はない

Ⅱ 生命保険金と税金

個人が受け取った生命保険金は、契約者・被保険者・受取人の関係による**お金の流れ**によって、**相続税・所得税（および住民税）・贈与税**のいずれかの課税対象となりますが、**非課税**となるものもあります。

（1）死亡保険金と税金 重要

	契約者	被保険者	受取人	税金の種類
①	A (死亡)	A (死亡)	B	相続税* ➡死亡したAさんの財産がBさんに移るイメージ
②	A	B (死亡)	A	所得税（一時所得） ➡自分のお金が自分に流れるイメージ
③	A	B (死亡)	C	贈与税 ➡AさんからCさんへのプレゼントとみなす

*受取人が相続人であれば、死亡保険金の非課税規定の対象となります(→P186)。

（2）満期保険金と税金

	契約者	被保険者	受取人	税金の種類
①	A	だれでも	A	所得税（一時所得）* ➡自分のお金が自分に流れるイメージ
②	A	だれでも	B	贈与税 ➡AさんからBさんへのプレゼントとみなす

*解約返戻金も契約者が受け取るので、所得税(一時所得)の対象です。

■ 金融類似商品と税金 重要

①の場合に、**一時所得として総合課税**の対象とならず、預貯金と同様に**20.315%**（所得税15.315%、住民税５%）の**源泉分離課税**の対象となるものがあります。これを**「金融類似商品」**といい、次のようなものがあります。

具体例

・保険期間５年以下の一時払い養老保険の満期保険金
・５年以内に解約した一時払い養老保険、一時払い個人年金保険（確定年金）、一時払い変額個人年金保険（確定年金）の解約返戻金

一時払い終身保険の解約返戻金は、5年以内の解約でも「金融類似商品」には該当しません。一時所得として総合課税の対象です。

（3）個人年金保険と税金

	契約者	年金受取人	税金の種類	
			年金受取開始時	毎年の年金
①	A	A	－	所得税（雑所得）
②	A	B	贈与税 ➡年金受給権（毎年、年金を受け取る権利をAさんからもらった）に対して課税される	２年目以降 所得税（雑所得）*

*非課税部分（贈与税がかかった部分）と所得税の課税部分に区分されます。

■ ①の年金を一括受取した場合の税金

・**確定年金**の一括受取……………………一時所得
・**保証期間付終身年金**の保証期間部分の一括受取………雑所得

（4）収入保障保険と税金

死亡保険金を年金形式で受け取る場合（契約者＝被保険者）、年金受取開始時に年金受給権が**相続税**の対象となります。毎年受け取る年金は、非課税部分と課税部分に区分され、**課税部分は**所得税（雑所得）**の対象**となります。

（5）学資保険（こども保険）と税金

祝金・満期保険金	契約者が受け取るため、所得税（一時所得）
契約者が死亡した場合	名義変更後の契約者が、「生命保険契約に関する権利」を相続したこととなり、相続税の対象（→p208）

（6）保険金を据え置いた場合

一時所得の対象となる保険金を、満期日などに受け取らず、保険会社に据え置いた場合、満期日などの属する年の一時所得として課税対象となります。

➡据え置いた後、実際に受け取った年に課税されるのではありません。

（7）非課税となる保険金・給付金

身体の傷害・疾病に基因して受け取るもの	被保険者本人、配偶者、直系血族、生計同一親族が受け取る場合、非課税となる （例）入院給付金、手術給付金、介護一時金・介護年金　など
生前給付保険金	被保険者本人・指定代理請求人が受け取る場合、非課税となる （例）特定疾病保険金、リビング・ニーズ特約保険金　など

2 損害保険と税金

学科重要度 ★★★

I 損害保険料と税金（地震保険料控除）

地震保険料控除は、**所得控除**（→p132）の1つです。**地震保険料**を支払った場合に、**所得金額から一定の金額を差し引く**ことができます。

➡地震保険を付帯した火災保険の保険料は、地震保険料控除の対象となりません。

■地震保険料控除の控除額

所得税	地震保険料の全額（最高５万円）
住民税	地震保険料の２分の１（最高２万5,000円）

II 損害保険金と税金

（1）非課税となる保険金・給付金

身体の傷害・疾病に基因して受け取るもの	被保険者本人、配偶者、直系血族、生計同一親族が受け取る場合、非課税となる （例）入院保険金、後遺障害保険金、賠償保険金　など
モノに損害が生じて受け取るもの	非課税 （例）火災保険金、車両保険金、賠償保険金　など

（2）課税対象となる保険金・給付金

死亡保険金、**満期返戻金**の課税関係は、生命保険と同様です（→p68）。

❽保険制度

Point

1 **クーリング・オフ** ～申込みを**撤回**できる制度
2 **ソルベンシー・マージン比率** ～保険会社の健全性をみる
3 **少額短期保険業者** ～ 少額で短期の保険を販売できる
4 **保険契約者保護機構** ～**補償割合**が重要！
5 **保険業法（募集禁止行為）** ～保険募集人に対する禁止行為

1 クーリング・オフ（申込みの撤回）

学科重要度 ★★

保険契約には、いったん申し込んだ後でも、申込みを撤回することができる**クーリング・オフ制度**があります。保険業法では、次の①、②**のいずれか遅い日から起算して**８日以内であれば、**書面または電磁的記録**（ウェブ上の専用フォーム）により申込みを撤回することができます。

➡口頭では、クーリング・オフできません。

①申込み日
②クーリング・オフに関する書面を受け取った日

なお、**転換**（→p56）は新規に契約をするため、クーリング・オフの対象となります。また、**法人契約**は、**クーリング・オフの対象となりません**。

2 ソルベンシー・マージン比率

学科重要度 ★★

ソルベンシー・マージンとは**「保険会社の保険金の支払余力」**のことをいいます。支払余力がどのくらいあるかを示す**ソルベンシー・マージン比率**は、保険会社の健全性を示す指標で、数値が**大きいほど健全性が高い**といえます。

ソルベンシー・マージン比率が**200％を下回った場合**、監督当局による早期是正措置の対象となります。

3 少額短期保険業者

学科重要度 ★

少額短期保険業者とは、保険金額が**少額**、保険期間が**短期**で、掛捨ての保険のみ取り扱うことができる保険業者です。

■ 保険期間と保険金額の上限

・保険期間の上限……生命保険・第三分野の保険は１年、損害保険は２年
・保険金額の上限……１人の被保険者について合計1,000万円

4 保険契約者保護機構

学科重要度 ★★

保険会社が破綻した場合に契約者を保護する制度として、**保険契約者保護機構**があります。国内で事業を行うすべての保険会社が加入しています。

少額短期保険業者や各種共済は加入していません。

保険契約者保護機構
- 生命保険契約者保護機構 …生命保険会社が加入
- 損害保険契約者保護機構 …損害保険会社が加入

I 生命保険契約者保護機構

生命保険会社が破綻した場合、補償対象契約について、原則として破綻時点の**責任準備金の90%まで補償**します。

➡予定利率の高い契約の場合は、90%未満となる場合があります。
➡**責任準備金**とは、保険会社が将来の保険金や年金の支払いのために、保険料の一部を積み立てている準備金のこと。

保険金や年金の90%までではないので注意!

銀行の窓口において加入した個人年金保険は、生命保険契約者保護機構の保護の対象とはならない。（過去問題）

×➡どこで加入したかにかかわらず、生命保険会社の商品は生命保険契約者保護機構の保護の対象となる。

Ⅱ 損害保険契約者保護機構

損害保険会社が破綻した場合の補償割合は、保険種類に応じて、次のとおりです。

保険種類		保険金の補償割合
損害保険	自賠責保険、地震保険	100%
	火災保険、自動車保険、賠償責任保険など	破綻後３ヵ月間………100% 破綻後３ヵ月経過後… 80%
第三分野の保険など		90%

5 保険業法（募集禁止行為）

学科重要度 ★

保険業法では、保険募集人に対して、保険募集に際し、次の行為などを行うことを禁止しています。

①虚偽（うそ）のことを告げたり、重要な事項を告げない行為

②保険契約者や被保険者が、保険会社に対して重要な事項につき虚偽（うそ）のことを告げることを勧める行為。また、重要な事実を告げるのを妨げたり、告げないことを勧める行為 ➡告知義務違反を勧める行為のこと

③不利益となるべき事実を告げずに行う乗換募集行為

④保険契約者や被保険者に対して、保険料の割引、割戻しその他特別の利益の提供を約束したり提供する行為 ➡保険料の立替え払いも該当する

⑤他の保険契約の契約内容と比較した事項で誤解させるおそれのあるものを告げたり表示する行為

⑥将来の配当金など金額が不確実な事項について、断定的判断を示したり、確実であると誤解させるおそれのあることを告げたり表示する行為

実技保険を受検する人はしっかり学習!

⑨法人と生命保険

Point
1 **福利厚生の保険** 重要 ～福利厚生プラン(養老保険)が重要！
2 **事業保障資金準備の保険** ～経営者が死亡した場合の保険
3 **役員退職金準備の保険** 重要 ～解約返戻金で準備できる

1 福利厚生の保険 実技保険

実技重要度 ★★☆

役員や従業員の福利厚生を目的として法人が加入する生命保険として、**総合福祉団体定期保険**や、**福利厚生プラン（養老保険）**があります。

Ⅰ 総合福祉団体定期保険

役員や従業員が死亡した場合の**遺族保障**を目的とした**1年更新**の定期保険です。契約に際して、被保険者となることの同意と告知が必要です（医師の診査は不要)。法人が支払った保険料は、**全額損金算入**できます。

■ **総合福祉団体定期保険(主契約)の契約形態**

契約者	被保険者	死亡保険金受取人
法　人	役員・従業員	被保険者の遺族 ➡法人とすることもできる

＊ヒューマン･ヴァリュー特約（役員･従業員の死亡による経済的損失に備える特約）の死亡保険金受取人は、法人に限定されています。

Ⅱ 福利厚生プラン（養老保険） 重要

役員や従業員の生存退職金・死亡退職金の準備を目的として、次の契約形態で加入する**養老保険**を、**福利厚生プラン**（**ハーフタックスプラン**）といいます。

契約者	被保険者	満期保険金受取人	死亡保険金受取人
法　人	全役員・全従業員＊	法　人	被保険者の遺族

＊普遍的加入（原則全員加入）が原則となるため、プラン導入後に入社する従業員の加入漏れがないよう留意する必要があります。

福利厚生プランの保険料の経理処理（仕訳）は、特別な処理を行います（→p81）

2 事業保障資金準備の保険 実技保険

実技重要度 ★

経営者が死亡した場合に、当面必要となる**事業保障資金**（**借入金の返済や運転資金など**）の金額は、一般に、次の計算式で求めることができます。**定期保険**などの**死亡保険金**を活用して準備することができます。

事業保障資金
＝短期債務額（短期借入金＋買掛金＋支払手形）＋全従業員の１年分の給与総額
今後1年間に、返済が必要な額と支払が必要な額のこと

経営者死亡後、後継者による経営が軌道に乗るまで、とりあえず1年間は、保険金でもちこたえようとするための金額です。

3 役員退職金準備の保険 実技保険

実技重要度 ★★

役員が退職した場合の**生存退職金**や、役員が死亡した場合の**死亡退職金**は、一般に高額となりますが、生命保険で準備することができます。

I 役員退職金と功績倍率方式

法人税法上、法人が支払う役員退職金は、原則として**損金算入**できます（経費になります）が、**不相当に高額な部分は損金算入できません**。損金算入できる適正額の目安として、**功績倍率方式**を参考にして計算できます。

功績倍率方式による役員退職金の適正額
＝役員最終報酬月額×役員在任年数×功績倍率
➡社長で３倍程度が目安

計算例

役員最終報酬月額100万円、役員在任年数20年、功績倍率３倍の場合、功績倍率方式により損金算入できる役員退職金の上限額の目安は？

答➡100万円×20年×３倍＝6,000万円

Ⅱ 保険期間が長い平準定期保険

保険期間が長い平準定期保険では、役員の**生存退職金**と**死亡退職金**の両方を準備することができます。なお、2019年７月７日以前に契約した平準定期保険のうち、一定の要件を満たすものを、税務の取扱い上、「**長期平準定期保険**」といいます（→p84）。

（1）特徴

保険期間が長期にわたる平準定期保険は、定期保険でありながら、時期によって解約返戻金の額が多くなり、**貯蓄性**があります。

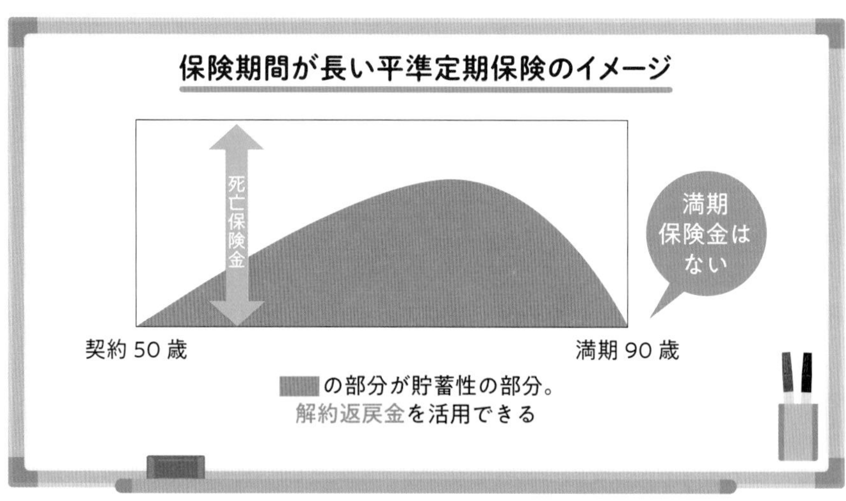

この定期保険は、**契約後しばらくの間**、**解約返戻金が増加**していきます（**貯蓄性が高い**）。返戻率がピークを迎えた後、解約返戻金は**減少**し、**満期時には解約返戻金はゼロ**となり、**満期保険金はありません**。

（2）活用方法

保険期間が長い平準定期保険は、**役員退職金（生存退職金・死亡退職金）**のほかに、**事業保障資金**の原資としても活用できます。

役員退職金の原資	解約返戻金	役員の退職時期を、解約返戻金が多い時期に合わせ、解約返戻金で役員の生存退職金を準備できる
	死亡保険金	役員の死亡退職金を準備できる
事業保障資金の原資	解約返戻金	借入金の返済や設備投資等の事業資金として活用できる
	死亡保険金	役員死亡時の事業保障資金として活用できる

終身保険も貯蓄性が高く死亡保障もあるため、解約返戻金や死亡保険金を同じように活用することが可能です。

保険期間が長い平準定期保険の保険期間満了時に支払われる満期保険金は、法人の設備資金として活用することができる。（過去問題・一部変更）

×➡定期保険に満期保険金はない。なお、解約返戻金を設備資金として活用することはできる。

逓増定期保険

逓増定期保険には、**保険期間が長い平準定期保険と同様の特徴**がありますが、保険期間が長い平準定期保険よりも、比較的早い時期に返戻率がピークになります。**保険期間が長い平準定期保険と同じ活用方法が可能**です。

保険期間が長い平準定期保険や逓増定期保険の保険料の経理処理（仕訳）は、特別な処理を行います（→p83、84）。

退職金の現物支給

役員退職金は、一般に金銭で支払いますが、法人が加入している貯蓄性の生命保険（終身保険など）を、退職金として現物支給することができます。具体的には、法人契約の生命保険の契約者を**退職する役員に名義変更**し、死亡保険金受取人をその役員の配偶者などに変更します。

➡法人では、それまでに積み立てた資産計上額を取り崩す経理処理が必要です。

⑩法人契約の経理処理

（実技保険）を受検する人はしっかり学習!

Point

1 **経理処理（仕訳）の基本** ～**保険料**と**保険金**を整理しよう
2 **定期保険の経理処理** ～**貯蓄性のない**保険の処理
3 **終身保険の経理処理** 重要 ～**貯蓄性のある**保険の処理
4 **養老保険の経理処理** 重要 ～**福利厚生プラン**が重要！
5 **定期保険の特別な取扱い** 重要 ～特別な処理をする

1 経理処理（仕訳）の基本 実技保険

実技重要度 ★★★

法人が、「保険料を支払った」「保険金を受け取った」などの場合には、一定のルールに従って**経理処理**を行います。

（1）支払った保険料の経理処理（保険金受取人=法人の場合）

・**掛捨て**の保険の保険料……**損金算入**します（経費になります）
・**貯蓄性**の保険の保険料……**資産計上**します（経費になりません）

➡保険会社に資産として置いておき、あとで戻ってくるイメージ

保険料の経理処理の基本

掛捨ての保険 ――→ 損金算入
（例　定期保険）

貯蓄性の保険 ――→ 資産計上
（例　終身保険・養老保険）

（2）受け取った保険金等の経理処理（保険金受取人＝法人の場合）

・**掛捨て**の保険（＝**資産計上額がない**）の保険金
　……保険金の**全額**を**益金算入**します（**収入**になります）
・**貯蓄性**の保険（＝**資産計上額がある**）の保険金・解約返戻金
　……**資産計上額より保険金等が多い場合**、**差額**を**益金算入**します
　……**資産計上額より保険金等が少ない場合**、**差額**を**損金算入**します

具体例❶

定期保険の保険料を10万円支払い（損金算入）、被保険者の死亡により死亡保険金を1,000万円受け取った場合、**1,000万円全額**を**益金算入**します。

具体例❷

終身保険の保険料を100万円支払い（資産計上）、被保険者の死亡により死亡保険金を1,000万円受け取った場合、**差額**の**900万円**を**益金算入**します。

➡資産計上した保険料100万円は被保険者の死亡により法人に戻ってくるイメージです。

講師のポイント講義

取引を**簿記（ぼき）のルールに従って記帳すること**を**仕訳（しわけ）**といいます。仕訳では、1つの取引を**左側**（**借方**）と**右側**（**貸方**）に分けて**同時に記入**します。**左側と右側の金額は必ず一致**します。

（取引①）定期保険の保険料を10万円支払った

（仕　訳）

借方		貸方	
定期保険料	10万円	現金・預金	10万円

お金が減った原因を左側に記入します。

お金が減ったら、右側に記入します。

（取引②）取引①の定期保険から、死亡保険金を1,000万円受け取った

（仕　訳）

借方		貸方	
現金・預金	1,000万円	雑収入	1,000万円

お金が増えたら、左側に記入します。

お金が増えた原因として、**益金算入**の場合、右側に「**雑収入**」と記入します。

仕訳するときに記入する「現金・預金」「定期保険料」「雑収入」などを勘定科目といいます。その他に、試験では、「前払保険料」「福利厚生費」「雑損失」などが出てきます。

試験では、「借方」「貸方」という言葉を無理に覚える必要はありません。「左側」「右側」で十分です。

2 定期保険の経理処理 実技保険

実技重要度 ★★

5（→p83）に該当しない定期保険の保険料に関する原則的な取扱いは、次のとおりです。

被保険者	死亡保険金受取人	保険料の経理処理
役員・従業員	法　人	損金算入（定期保険料）
	被保険者の遺族	損金算入（定期保険料）*

*特定の役員・従業員のみを被保険者とする場合は、給与となります。全役員・全従業員を被保険者とする場合は、福利厚生費となります。

仕訳例

p79「講師のポイント講義」で確認しましょう。

3 終身保険の経理処理 実技保険

実技重要度 ★★★

被保険者	死亡保険金受取人	保険料の経理処理
役員・従業員	法　人	資産計上（保険料積立金）
	被保険者の遺族	給与

仕訳例

終身保険（保険金受取人＝法人）について、次の①～③の仕訳は？

①年払保険料100万円を支払った場合

借方		貸方	
保険料積立金	100万円	現金・預金	100万円

②その後、解約して法人が解約返戻金を90万円受け取った場合

借方		貸方	
現金・預金 雑損失	90万円 10万円	保険料積立金	100万円

解約して、差額10万円を損したので、「**雑損失**」として損金算入します。

①で左側に記入した「**保険料積立金**」100万円を右側に記入して消します（取り崩すといいます）。

③解約せず、①の後、被保険者が死亡して、法人が死亡保険金を1,000万円受け取った場合

借方		貸方	
現金・預金	1,000万円	保険料積立金 雑収入	100万円 900万円

①で左側に記入した「**保険料積立金**」100万円を右側に記入して取り崩します。差額の900万円は「**雑収入**」として益金算入します。

4 養老保険の経理処理 実技保険

実技重要度 ★★★

被保険者	満期保険金受取人	死亡保険金受取人	保険料の経理処理
役員・従業員	法　人	法　人	資産計上（保険料積立金）
	被保険者	被保険者の遺族	給与
	法　人	被保険者の遺族	1/2資産計上（保険料積立金） 1/2損金算入（福利厚生費）*

*特定の役員・従業員のみを被保険者とする場合は、1/2は給与となります。

表の一番下の契約形態が、福利厚生プラン（→p74）です。全員加入が原則です。

仕訳例

福利厚生プランについて、次の①～③の仕訳は？

①被保険者Ａさんについて年払保険料40万円を支払った場合

借方		貸方	
保険料積立金	20万円	現金・預金	40万円
福利厚生費	20万円		

②10年後に被保険者Ａさんが退職し、**法人**が**満期保険金**500万円を受け取った場合（払込保険料累計額400万円）

借方		貸方	
現金・預金	500万円	保険料積立金	200万円
		雑収入	300万円

払込保険料累計額400万円のうち２分の１の200万円が、左側に「**保険料積立金**」として仕訳されているので、それを右側に記入して取り崩します。受け取った500万円と「保険料積立金」との差額の300万円は「**雑収入**」として益金算入します。

③②の前に、加入してから５年後に被保険者Ａさんが死亡し、**遺族**が**死亡保険金**500万円を受け取った場合（払込保険料累計額200万円）

借方		貸方	
雑損失	100万円	保険料積立金	100万円

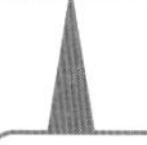

法人は保険金を受け取っていないので、「現金・預金」ではなく、右側の**100万円**は損失となり、「**雑損失**」として損金算入します。

払込保険料累計額200万円のうち２分の１の100万円が、左側に「**保険料積立金**」として仕訳されているので、それを右側に記入して取り崩します。

契約者（＝保険料負担者）を法人、被保険者を役員および従業員全員、死亡保険金受取人を従業員の遺族、満期保険金受取人を法人とする養老保険に加入することにより、法人は、その支払った保険料の全額を福利厚生費として損金の額に算入することができる。（過去問題）

✕➡支払った保険料の2分の1を福利厚生費として損金算入できる。

5 定期保険の特別な取扱い（改正通達） 実技保険 実技重要度★★★

定期保険（**保険期間３年以上**）の保険料に相当多額の**前払保険料**が含まれている（時期によって貯蓄性がある）場合は、最高解約返戻率に応じて、次のように特別な経理処理を行います。この取扱い（改正通達）は、**2019年７月８日以降**の契約に適用されます。

最高解約返戻率	**50%超[*1] 70%以下**	**70%超 85%以下**	**85%超**
資産計上期間	前半40%の期間		最高解約返戻率となる期間
上記期間の保険料の経理処理	60%損金算入（定期保険料）40%資産計上[*2]（前払保険料）	40%損金算入（定期保険料）60%資産計上[*2]（前払保険料）	最高解約返戻率の70%（10年経過までは90%）を資産計上[*3] 残額を損金算入

＊1　最高解約返戻率50％以下の場合は、原則として、全額損金算入します。
＊2　資産計上額は、保険期間の75％に相当する期間経過後、均等に取り崩して損金算入します。
＊3　資産計上額は、最高解約返戻率の年度経過後、均等に取り崩して損金算入します。

（仕訳例）

最高解約返戻率が50％超70％以下の定期保険(保険期間30年)について、次の①、②の仕訳は？

①第１回目の年払保険料100万円を支払った場合

借方		**貸方**	
定期保険料	60万円	現金・預金	100万円
前払保険料	40万円		

保険料の40％を「前払保険料」として資産計上します。「**保険料積立金**」ではありません！

②加入から10年後に解約して、法人が解約返戻金600万円を受け取った場合（払込保険料累計額1,000万円）

借方		**貸方**	
現金・預金	600万円	前払保険料	400万円
		雑収入	200万円

払込保険料累計額1,000万円のうち40％の400万円が、左側に「前払保険料」として仕訳されているので、それを右側に記入して取り崩します。受け取った600万円と「前払保険料」との差額の200万円は「**雑収入**」として益金算入します。

■ 改正通達前の経理処理

2019年7月7日以前に契約した長期平準定期保険や逓増定期保険は、次のように経理処理を行います。**改正通達は適用されません。**

（1）長期平準定期保険

法人の税務の取扱いにおいて長期平準定期保険とは、次の①、②を満たす定期保険のことです。

①保険期間満了時の被保険者の年齢 ＞ 70歳
②被保険者の加入時の年齢＋保険期間×２ ＞ 105

資産計上期間	前半６割の期間
上記期間の保険料の経理処理	1／２損金算入（定期保険料） 1／２資産計上（前払保険料）

仕訳例

長期平準定期保険（保険期間30年、年払保険料100万円）を加入から10年後に解約して、法人が解約返戻金700万円を受け取った場合（払込保険料累計額1,000万円）の仕訳は？

借方		貸方	
現金・預金	700万円	前払保険料 雑収入	500万円 200万円

払込保険料累計額1,000万円のうち２分の１の500万円が、左側に「前払保険料」として仕訳されているので、それを右側に記入して取り崩します。受け取った700万円と「前払保険料」との差額200万円は「雑収入」として益金算入します。

（2）逓増定期保険

資産計上期間（前半６割の期間）に損金算入できる割合は次のとおりです。

	保険期間満了時の被保険者の年齢		被保険者の加入時の年齢＋保険期間×２	損金算入割合	備　考
①	45歳超		－	２分の１	②・③を除く
②	70歳超	かつ	95超	３分の１	③を除く
③	80歳超	かつ	120超	４分の１	

＊①②③に該当しない場合は、全額損金算入します。

第3章

金融資産運用

出題ポイント

学科試験

債券の利回り計算は公式を理解しましょう。さまざまな金融商品の知識や税金が頻出です。
株式は投資指標の計算を含めて特によく出題されます。

実技試験

実技保険	出題されません。
実技個人	株式・債券・外貨建て商品の計算が重要です。
実技資産	金融経済・商品・税金が幅広く出題されます。

学科試験の重要度

A
B
C

❶金融経済の基礎

Point
- 1 **経済指標** 重要 ～景気などをみるための経済指標を学ぶ
- 2 **金融市場** ～金融市場の種類を学ぶ
- 3 **金利の変動要因** ～金利はいろいろな要因で変動する
- 4 **日本銀行の金融政策** ～金融政策の中心は公開市場操作

1 経済指標

学科重要度 ★★★

Ⅰ 物価指数

	消費者物価指数	企業物価指数
公表主体	総務省	日本銀行
内容	全国の世帯が購入する財・サービスの価格変動をみる	企業間取引の財（サービスは対象外）に関する価格変動をみる ➡消費者物価指数に先行する傾向にあり、変動率も大きい

Ⅱ その他の経済指標 重要

GDP（国内総生産）	国内で一定期間に生み出された付加価値（生み出された財・サービスから費用を引いたもの）のことで、内閣府が公表する。物価変動の影響を取り除いたものを実質GDPといい、GDPの伸び率のことを経済成長率という
景気動向指数	景気に敏感な指標の動きを統合して、CI（コンポジット・インデックス）、DI（ディフュージョン・インデックス）として内閣府が公表する。それぞれ、景気に対し先行して動く**先行指数**（東証株価指数など）、ほぼ一致して動く**一致指数**（有効求人倍率など）、遅れて動く**遅行指数**（完全失業率など）の3つの指数がある ➡CIは景気変動の大きさやテンポを測定し、CI一致指数の上昇は景気拡張局面を示している
日銀短観	全国企業短期経済観測調査の略称。日本銀行が四半期ごとに企業に対して行うアンケート調査。業況判断DIを公表する
マネーストック	通貨保有主体（国と金融機関は対象外）が保有する通貨量のこと ➡つまり、世の中に出回っているお金の量のこと

2 金融市場

学科重要度 ★★★

貸したい人から借りたい人へお金が流れることを**金融**といいます。その市場は、取引期間が１年未満の**短期金融市場**と、１年以上の**長期金融市場**に区分されます。

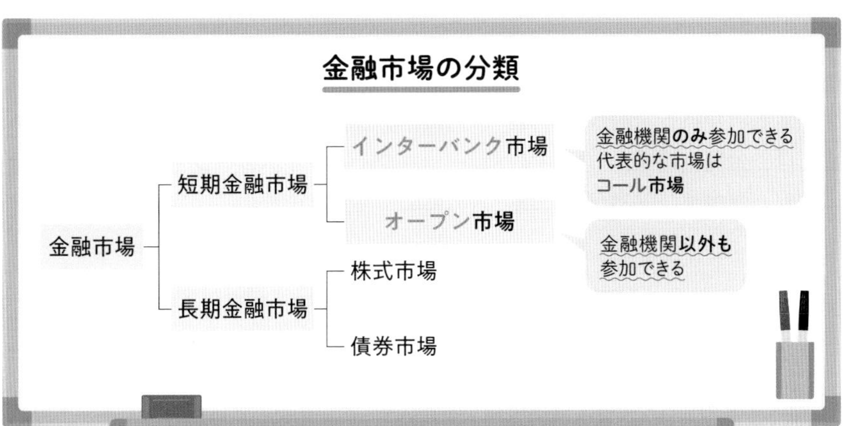

3 金利の変動要因

学科重要度 ★★★

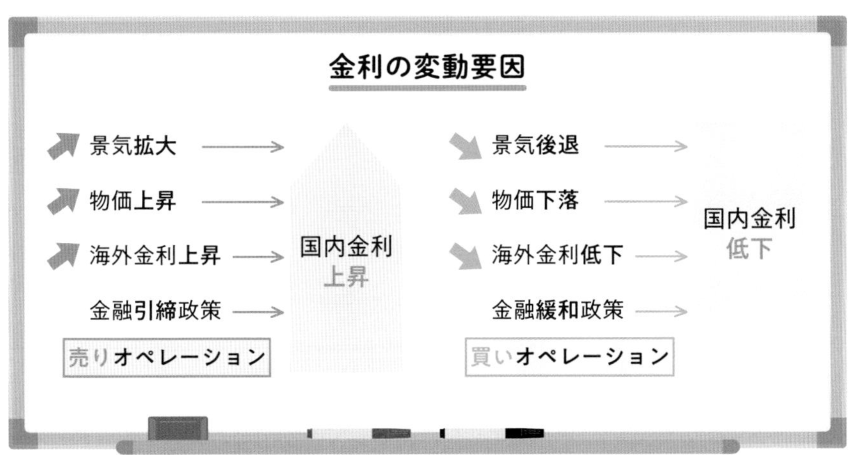

講師のポイント講義

物価が継続的に**上昇**することをインフレーションといい、金利は上昇します。物価が継続的に**下落**することをデフレーションといい、金利は低下します。基本的に、「景気と物価と金利」は**同じ動き**です。

消費者物価指数が継続的に上昇している場合、一般に、経済環境はデフレーションの状態にあると判断される。（過去問題）

✕➡インフレーションの状態にあると判断され、金利上昇要因となる。

4 日本銀行の金融政策

学科重要度 ★★☆

日本銀行が行う金融政策の中心は**公開市場操作**（オペレーション）です。日本銀行は、**公開市場操作**（**買いオペレーション**と**売りオペレーション**）を行うことにより、資金量（**マネタリーベース**といいます）を調整しています。

	買いオペレーション	売りオペレーション
内容	日本銀行が金融機関から国債などを買う	日本銀行が金融機関に国債などを売る
政策	金融緩和政策	金融引締政策
効果	市場へ資金供給・金利低下	市場から資金吸収・金利上昇

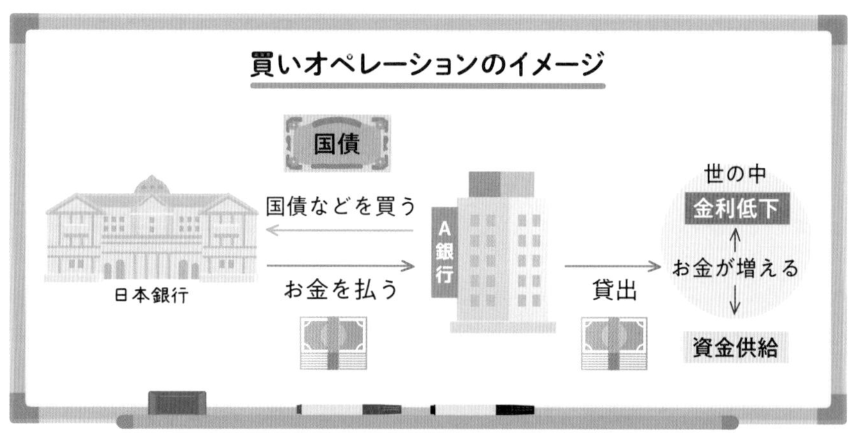

主役は日本銀行なので、買いオペレーションで国債などを買うのは日本銀行です。買うときにお金を払うので市場のお金が増える結果、金利が低下します。

日本銀行による公開市場操作の買いオペレーションでは、金融の引き締めを目的として行われる。（過去問題）

✕➡金融緩和を目的として行われ、資金供給（資金増加）・金利低下の効果がある。

❷預貯金

Point
1 **利息の計算方法** 計算 ～預貯金の**元利合計額**を計算する
2 **金利の種類**～固定金利と変動金利がある

1 利息の計算方法

学科重要度 ★★

利息（利子ともいいます）の計算方法には、**単利**と**複利**があります。

単利では、はじめに預け入れた元本にのみ利息がつきます。**複利**では、預入後に支払われる利息にも利息がつくため、単利よりも大きく増えます。

計算問題にチャレンジ！

問題 3ヵ月満期（0.25年）、利率（年率）2%の定期預金に100万円預け入れた場合、**単利**計算で満期時の**元利合計額**は?

解答 利息=100万円×0.02×0.25年=5,000円
元利合計額=100万円+5,000円=**100万5,000円**

問題 3年満期、利率（年率）2%の定期預金に100万円預け入れた場合、**1年複利**計算で満期時の**元利合計額**は?

解答 元利合計額=100万円×(1+0.02)^{3年}
=100万円×1.02×1.02×1.02=**106万1,208円**

2 金利の種類

学科重要度 ★

固定金利	預入時に決められた金利が満期まで変わらず適用される
変動金利	預入後の市場金利の変動に応じて、預金の金利が見直される

❸債券投資

Point
1 **債券の基礎** ～債券で使う**用語**を学ぶ
2 **個人向け国債** ～**3種類**の特徴を整理しよう
3 **債券の利回り計算** 重要 計算 ～**計算式**を理解しよう
4 **債券のリスク** 重要 ～債券にはいろいろなリスクがある

1 債券の基礎

学科重要度 ★

Ⅰ 債券とは

債券（公社債ともいいます）とは、国や会社が投資家からお金を借りる場合に発行する**借用証書**です。国が発行する債券を**国債**、会社が発行する債券を**社債**といいます。

投資家からみると、所有している間は毎年**利子**が支払われ、満期にはお金が戻ってきますが、満期の前に**売却**することもできます。

Ⅱ 債券の基本用語

（1）債券の発行条件（お金を借りるために決める条件）

額面金額	投資家に返すお金のこと（借用証書に記載されている金額） ➡1万円、5万円、100万円などがあるが、債券の価格は額面金額を**100円**とみなして表示される
表面利率	額面金額に対して1年間に支払われる利子（クーポンともいう）の割合のことで、クーポンレートともいう
発行価格	額面金額を100円とした場合の発行時の価格のこと ➡100円（パー）とは限らず、99円（アンダーパー）や101円（オーバーパー）などの場合もある
償還期限	お金が返される満期のこと。額面金額（100円）で戻ってくる （例）99円で発行され100円で戻ってきた場合の1円の利益を**償還差益**という 101円で発行され100円で戻ってきた場合の1円の損失を**償還差損**という

（2）利付債券と割引債券

利付債券	一般に、半年ごとに年２回、利子が支払われる債券。一般に固定利付債券であるが、変動利付債券もある
割引債券	利子が支払われない債券。額面金額を下回る（割り引いた）価格で発行され、満期に額面金額で戻ってくる

2 個人向け国債

学科重要度 ★★★

個人向け国債とは、個人のみが購入できる国債で、**変動10年**、**固定５年**、**固定３年**の**３種類**があります。

分類	変動10年	固定５年	固定３年
金利タイプ	変動金利 ➡半年ごとに見直し	固定金利	
適用利率	基準金利×0.66	基準金利－0.05%	基準金利－0.03%
	適用利率は国が決定するため、金融機関により異なることはない		
下限金利	0.05%		
利払い	半年ごとに年２回		
発行頻度	毎月		
購入単位	１万円単位		
中途換金	発行後１年経過後から中途換金できるが、直前２回分の利子が差し引かれる		

3 債券の利回り計算

学科重要度 ★★★

最も出題されるのは最終利回りの計算問題です。公式は丸暗記ではなく理解して計算しましょう。

Ⅰ 利回りとは

利回りとは、投資家の**投資金額**に対する**１年間の収益**（または損失）の割合のことです。

➡つまり、１年間で何％もうかるかの割合です。

Ⅱ 債券の利回り計算 重要 計算 実技個人 実技資産

利付債券に投資をした場合の利回りは、毎年支払われる利子だけでなく、満期まで所有する場合の**償還差益・償還差損**や、途中で売却した場合の**売却益・売却損**を含めて計算します。利付債券の利回りには、**応募者利回り**、**最終利回り**、**所有期間利回り**があります。

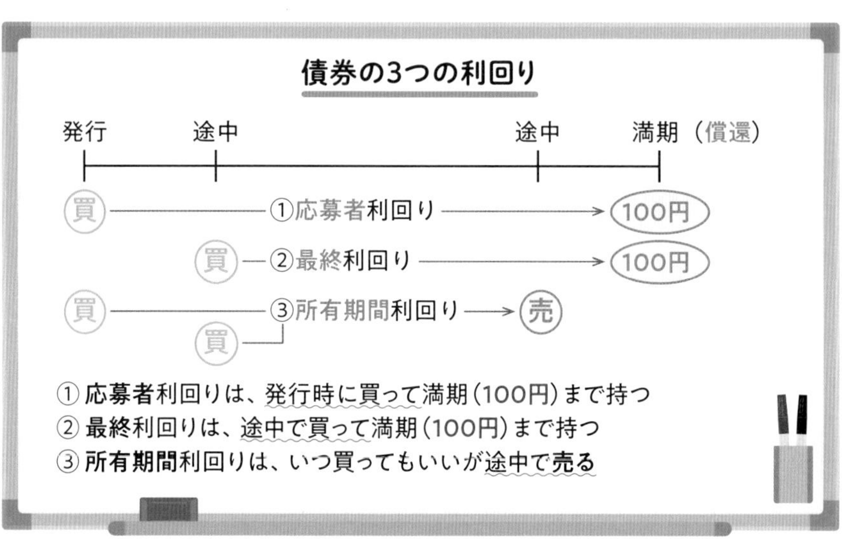

債券の3つの利回り
発行
途中
途中
満期（償還）
買
①応募者利回り
100円
買
②最終利回り
100円
買
③所有期間利回り
売
買
① 応募者利回りは、発行時に買って満期（100円）まで持つ
② 最終利回りは、途中で買って満期（100円）まで持つ
③ 所有期間利回りは、いつ買ってもいいが途中で売る

■ 債券の利回り

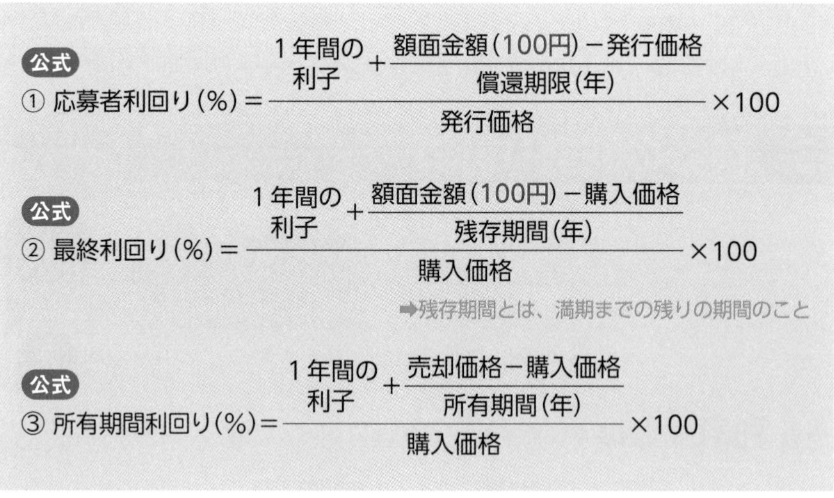

公式

① 応募者利回り（%）＝ $\dfrac{1年間の利子 + \dfrac{額面金額（100円）－発行価格}{償還期限（年）}}{発行価格} \times 100$

公式

② 最終利回り（%）＝ $\dfrac{1年間の利子 + \dfrac{額面金額（100円）－購入価格}{残存期間（年）}}{購入価格} \times 100$

➡残存期間とは、満期までの残りの期間のこと

公式

③ 所有期間利回り（%）＝ $\dfrac{1年間の利子 + \dfrac{売却価格－購入価格}{所有期間（年）}}{購入価格} \times 100$

講師のポイント講義

3つの利回り（応募者利回り、最終利回り、所有期間利回り）は、「**いつ購入して、いつ手放したか**」によって名前が違うだけです。だから、公式の仕組みはすべて**共通**です。公式を暗記するのではなく、公式の「形」を覚えて理解すればマスターできますよ。

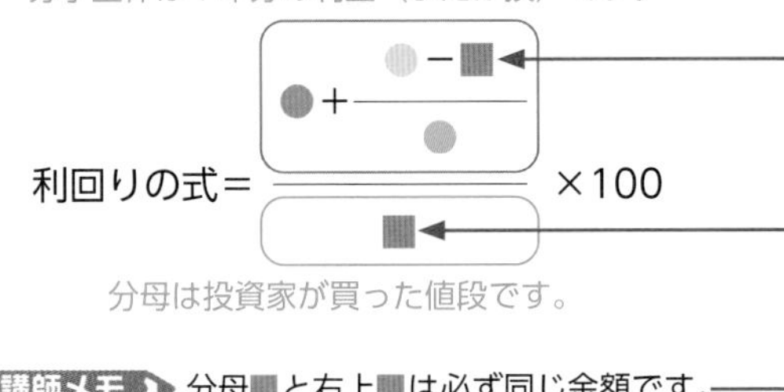

分子全体は１年分の利益（または損）です。
利回りの式＝
×100
分母は投資家が買った値段です。

講師メモ 分母■と右上■は必ず同じ金額です。

計算問題にチャレンジ！

問題 99円で発行された債券（表面利率1％・償還期限10年）の**応募者利回り**は？

解答 応募者利回り＝ $\dfrac{1円+\dfrac{100円-99円}{10年}}{99円}\times100=1.11\%$

（小数点以下第3位四捨五入）

講師メモ 電卓はこう使おう！

100 － 99 ÷ 10 ＋ 1 ÷ 99 × 100 ＝

問題 101円で購入した債券（表面利率0.5％・残存期間4年）の**最終利回り**は？

解答 最終利回り＝ $\dfrac{0.5円+\dfrac{100円-101円}{4年}}{101円}\times100=0.25\%$

（小数点以下第3位四捨五入）

問題 98円で購入した債券（表面利率2%）を購入してから3年後に101円で売却した場合の**所有期間利回り**は？

解答
$$所有期間利回り=\frac{2円+\dfrac{101円-98円}{3年}}{98円}\times100=3.06\%$$

（小数点以下第3位四捨五入）

学科試験では、正しい計算式を選ぶ問題が出題されることがあります。必ず、公式に当てはめて計算するようにしましょう!

4 債券のリスク

学科重要度 ★★★

I 債券のリスクとは

さまざまな要因により**債券価格は変動**しています（ただし満期には**100円**になります）。その代表的な要因は、世の中の金利の動きに応じて債券価格が変動する**金利変動リスク**ですが、そのほかに、債券の発行者がお金を返せなくなる可能性を表す**信用リスク**があります。

II 金利変動リスク（価格変動リスク）

債券価格は、世の中の金利（市場金利）とは反対の動きをします。市場金利が**上昇**すると債券価格は**下落**し、市場金利が**低下**すると債券価格は**上昇**します。

また、債券価格と利回り(最終利回り)も反対の動きをします。

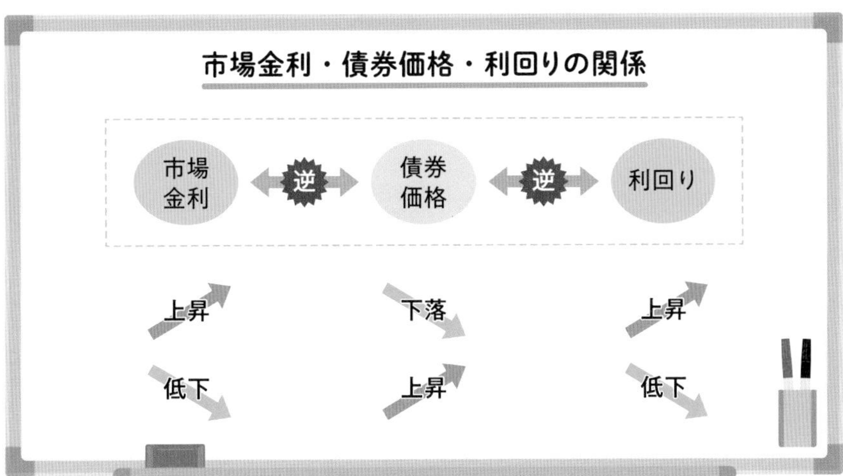

III 信用リスク（デフォルトリスク） 重要

債券は、国や会社などが発行する「借用証書」なので、約束どおりに利子が支払われなかったり、満期にお金が返ってこない場合もあります。このようなリスクのことを**信用リスク（デフォルトリスク）**といいます。

■ 信用リスクと格付

どの債券にどのくらい**信用リスク**があるかは、なかなかわかりません。そこで、専門の格付会社が、「Aランク」「Bランク」「Cランク」というようにランク付けをしています。これを**格付**といいます。

〈一般的な格付の見方〉

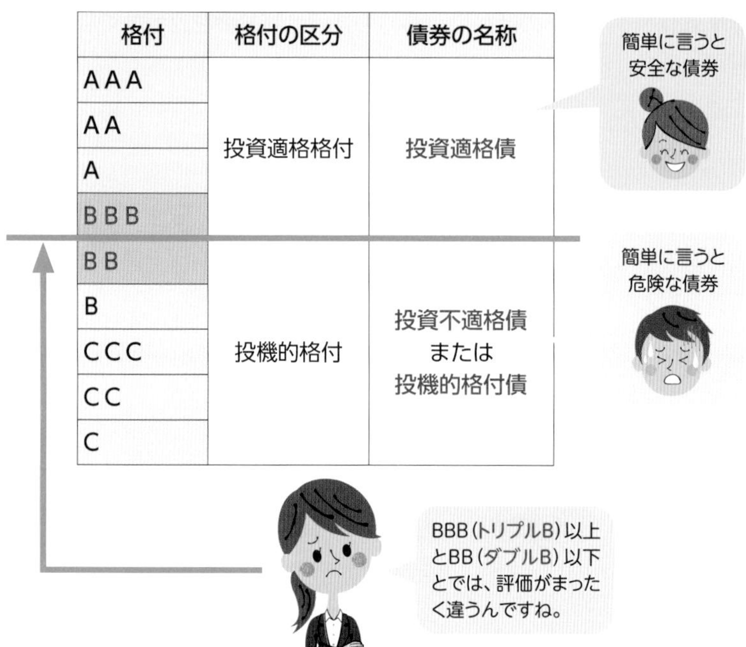

格付	格付の区分	債券の名称
AAA	投資適格格付	投資適格債
AA		
A		
BBB		
BB	投機的格付	投資不適格債 または 投機的格付債
B		
CCC		
CC		
C		

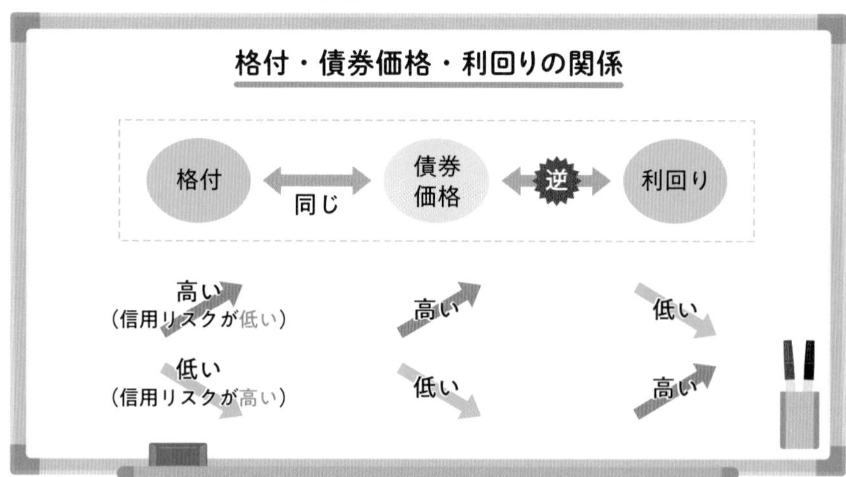

❹株式投資

Point
1 **株式取引** ～株式の売買が成立した時の**受渡日**はいつ？
2 **株式市場の指標** 重要 ～**日経平均株価**と**東証株価指数**の違いは？
3 **個別株式の指標** 重要 計算 ～**計算式**を正確に覚えよう

1 株式取引

学科重要度 ★★★

Ⅰ 注文方法

証券取引所に上場している株式を注文する場合、**100株単位**となります。

成行注文（なりゆき）	売買したい値段を指定せずに注文する方法 ➡指値注文よりも**優先**して取引が成立する
指値注文（さしね）	売買したい値段を指定して注文する方法（買い注文は上限を指定、売り注文は下限を指定） ➡買い注文は**高く**買いたい人が優先し、売り注文は**安く**売りたい人が優先して取引が成立する（「価格優先の原則」という）

Ⅱ 受渡日（決済日）

証券取引所に上場している株式の売買注文が成立した場合、その**受渡日**（決済日）は、売買成立日から起算して**3営業日目**となります。

買った株の代金を支払う日、売った株の代金が手に入る日です。

具体例

①売買成立日が**月曜日**の場合、受渡日は**水曜日**になります。

月曜日	火曜日	**水曜日**	木曜日	金曜日
❶売買成立日	❷	❸受渡日		

②売買成立日が**金曜日**の場合、受渡日は**土日を除いて**数えて**火曜日**になります。

金曜日	土曜日	日曜日	月曜日	**火曜日**
❶売買成立日	休み	休み	❷	❸受渡日

2 株式市場の指標

学科重要度 ★★★

株式市場の指標の代表例として、**日経平均株価**と**東証株価指数**があります。

	日経平均株価（日経225）	**東証株価指数（TOPIX）**
対象銘柄	東京証券取引所プライム市場上場銘柄のうち代表的な225銘柄	2022年4月1日における東京証券取引所市場第一部上場銘柄が中心
内　容	連続性を失わないように工夫した修正平均株価	「株価×株式数」で計算される時価総額を基準とした時価総額加重型の指数
特　徴	株価水準が高い株（値がさ株）の影響を受けやすい	時価総額が大きい株（大型株）の影響を受けやすい

Step-UP 東京証券取引所の市場再編

東京証券取引所は2022年4月4日に市場が再編され、「プライム市場」「スタンダード市場」「グロース市場」の3市場となりました。従来の市場第一部上場銘柄のうち一定の要件を満たした銘柄は、最上位となる「プライム市場」に移管されました。

3 個別株式の指標

学科重要度 ★★★

PER、PBR、ROEといった略語だけで、（　）の日本語は表記されずに出題されることが多いです。公式を正確に覚えましょう!

Ⅰ PER（株価収益率） 重要 計算 実技個人 実技資産

会社の利益水準からみて株価が**割安**か**割高**かを判断するための指標で、数値が**低い**ほど割安とされます。**株価**を**1株当たり**純利益で割って計算します。

公式 $\text{PER（倍）} = \dfrac{\text{株価}}{\text{1株当たり純利益}}$

計算問題にチャレンジ！

問題 ある会社の株価が1,000円、１株当たり純利益が50円である場合、**PER**は？

解答 $PER = \dfrac{1{,}000円}{50円} = 20倍$

Ⅱ PBR（株価純資産倍率） 重要 計算 実技個人 実技資産

会社の資産価値からみて株価が**割安**か**割高**かを判断するための指標で、数値が**低い**ほど割安とされます。**株価**を**１株当たり**純資産で割って計算します。

公式 $PBR(倍) = \dfrac{株価}{1株当たり純資産}$

計算問題にチャレンジ！

問題 ある会社の株価が1,000円、１株当たり純資産が800円である場合、**PBR**は？

解答 $PBR = \dfrac{1{,}000円}{800円} = 1.25倍$

Ⅲ ROE（自己資本利益率） 計算 実技個人 実技資産

会社が、自己資本（株主が出したお金）を使って効率的に利益を出しているかを判断するための指標です。当期純利益を自己資本で割って計算します。

公式 $ROE(\%) = \dfrac{当期純利益}{自己資本} \times 100$

計算問題にチャレンジ！

問題 ある会社の自己資本が100億円、当期純利益が10億円である場合、**ROE**は？

解答 ROE＝ $\frac{10億円}{100億円}$ ×100＝10％

Ⅳ 配当利回り 重要 計算 実技個人 実技資産

株価に対する配当金の割合をみる指標です。１株当たり配当金を株価で割って計算します。

公式 **配当利回り**(％)＝ $\frac{1株当たり配当金}{\textbf{株価}}$ ×100

計算問題にチャレンジ！

問題 ある会社の株価が1,000円、１株当たり配当金が20円である場合、**配当利回り**は？

解答 配当利回り＝ $\frac{20円}{1,000円}$ ×100＝２％

Step-UP 配当性向

当期純利益に対する年間配当金の割合をみる指標です。つまり、当期純利益のうち、株主に対して配当金を何％支払ったかを示します。

公式 **配当性向**(％)＝ $\frac{\textbf{年間配当金}}{\textbf{当期純利益}}$ ×100

計算例

ある会社の当期純利益が10億円、年間配当金が３億円である場合、**配当性向**は？

答➡配当性向＝ $\frac{3億円}{10億円}$ ×100＝30％

❺投資信託

Point
1 **投資信託の基礎** ～投資信託の特徴や**用語**、**費用**などを学ぶ
2 **投資信託の分類** 重要 ～いろいろな**分類方法を整理**する
3 **上場投資信託** ～ETFとJ-REITを学ぶ

1 投資信託の基礎

学科重要度 ★★

Ⅰ 投資信託とは

投資信託とは、多くの投資家から集めたお金を、専門の運用会社が、株式・債券・不動産などに**分散投資**をし、その運用益を投資家に**収益分配金**として分配する金融商品です。投資信託の値段のことを**基準価額**といいます。

Ⅱ 投資信託の費用

時期	費用	内容
購入するとき	購入時手数料	投資家が投資信託を購入する際に支払う ➡同じ投資信託であっても販売会社によって異なる場合がある。また、かからない投資信託もある
保有しているとき	運用管理費用 (信託報酬)	運用会社などでかかる投資信託の運用や管理の費用を投資家が間接的に負担する。日々、投資信託財産から差し引かれている
換金するとき	信託財産留保額	投資家が中途換金する際に、解約代金から差し引かれる ➡かからない投資信託もある

Ⅲ 投資家に交付する資料

目論見書 (投資信託説明書)	原則として、投資家に投資信託を販売する前または販売と同時に交付する説明書（交付目論見書）
運用報告書	原則として、決算期ごとに作成・交付される運用報告資料

2 投資信託の分類

学科重要度 ★★★

I 投資対象による分類

公社債投資信託	投資対象として株式がいっさい認められていない投資信託
株式投資信託	投資対象として株式が認められている投資信託

II 購入時期による分類

追加型投資信託	投資家が、いつでも購入することができる投資信託
単位型投資信託	投資家が、一定の募集時期にしか購入できない投資信託

III 運用手法による分類 重要

株式で分散投資されている投資信託は、運用会社がどのように運用しているかによって、次のように分類されます。

投資信託の運用手法

- パッシブ運用（インデックス型）…ベンチマークに連動する運用成績を目指す
  - →日経平均株価など、基準となる指標のこと
- アクティブ運用…ベンチマークを上回る運用成績を目指す
  - →バリュー型…割安株に投資をする
    - →株価が割安と判断できる株
  - →グロース型…成長株に投資をする
    - →将来的に成長が見込まれる株

パッシブ運用は「平均でいいや」という消極的な運用、アクティブ運用は「平均を上回ろう!」という積極的な運用です。

その他の分類

トップダウン・アプローチ	マクロ経済を分析して、国別比率や業種別比率を決定する運用手法
ボトムアップ・アプローチ	個別企業に注目し、魅力のある企業の株式を積み上げることにより投資信託を組成する運用手法

ブル型ファンド	デリバティブを利用し、相場の上昇局面において、上昇幅の２倍、３倍等の値上がりを目指すもの
ベア型ファンド	デリバティブを利用し、相場の下落局面において、値上がりを目指すもの

3 上場投資信託

学科重要度 ★★

上場株式と同じように、証券取引所に上場され、証券取引所で取引されている投資信託には、**ETF**（上場投資信託）と**J-REIT**（リート）（**上場不動産投資信託**）があります。いずれも、**成行注文**や**指値注文**（→ p 97）、**信用取引**が可能です。

➡信用取引とは、証券会社に担保として委託保証金を差し入れ、その何倍ものお金や上場株式・上場投資信託などを借りて売買する取引のこと。

ETFとJ-REIT（リート）

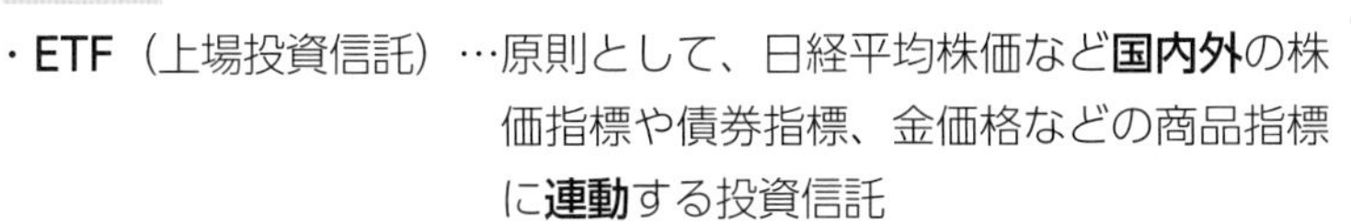

- ETF（上場投資信託）…原則として、日経平均株価など**国内外**の株価指標や債券指標、金価格などの商品指標に**連動**する投資信託
- J-REIT（**上場不動産投資信託**）…不動産に分散投資をして、賃貸収入などから投資家に分配金を支払う投資信託

証券取引所を通じて行うETF（上場投資信託）の取引では、成行注文や指値注文はできるが、信用取引を行うことはできない。（過去問題）

✕➡証券取引所に上場しているETFやJ-REITは、信用取引ができる。

❻外貨建て商品

Point
1 **為替変動リスク** ～**円安**になれば**為替差益**でもうかる
2 **為替レート** 計算 ～為替レートのうち**TTS・TTB**が重要！
3 **外貨建てMMF** ～外貨建ての**公社債投資信託**

1 為替(かわせ)変動リスク

学科重要度 ★

外貨預金などの外貨建て商品に投資をする場合には、円と外貨の両替が必要なため、為替の変動により**為替変動リスク**があります。具体的には、外貨建て商品を預け入れたときよりも換金したときに**円安**になれば**為替差益**（利益）が発生します。反対に、**円高**になれば**為替差損**（損失）が発生します。

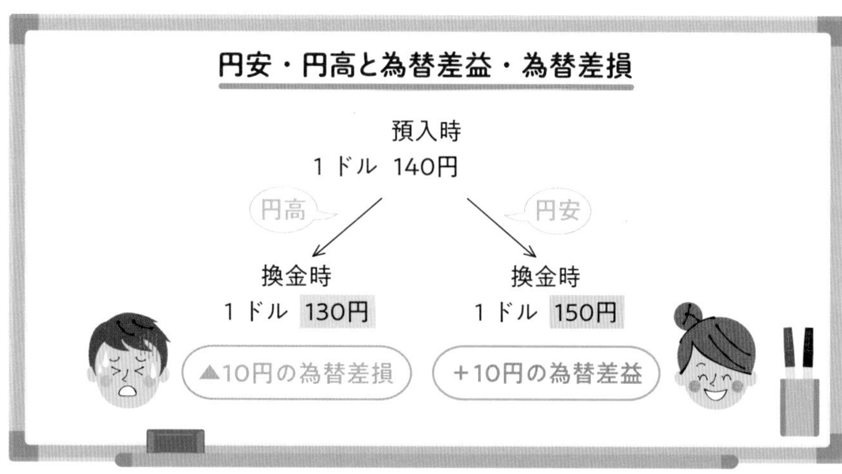

講師のポイント講義

1ドル140円が150円になると、これまで140円で輸入できた商品が、150円に値上りします。10円多く出さないと輸入できないので、その分、円の**価値が下がった**ことになる(=**円が安く**なる)ので、これを**円安**といいます。

2 為替レート

学科重要度 ★★☆

投資家が、外貨建て商品に預け入れるときの為替レートのことを**TTS**、換金するときの為替レートのことを**TTB**といいます。TTSとTTBは、基準となる仲値（**TTM**）に**為替手数料**を考慮して決められます。

➡金融機関によって異なります。

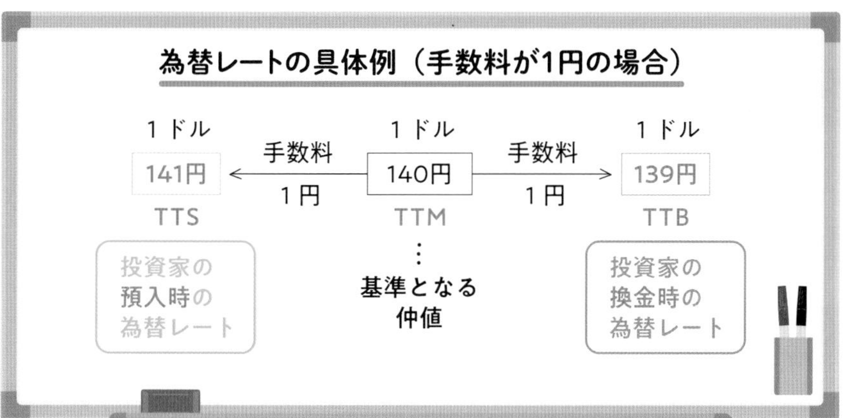

計算問題にチャレンジ！

問題 米ドル建て外貨預金に1万ドル預け入れる場合、預入時に必要な円貨の額は？

TTS	TTM	TTB
146円	145円	144円

解答 1万ドル×146円（**TTS**）＝146万円

3 外貨建てMMF

学科重要度 ★☆☆

外貨建てMMFは、外貨建ての**公社債投資信託**で、株式はいっさい組み入れられていません。特徴は次のとおりです。

購　入	購入時手数料はかからないが、為替手数料はかかる
分　配	毎日決算して生じた分配金を月末に1ヵ月分まとめて再投資する
換　金	いつ換金しても信託財産留保額はかからない

❼デリバティブ取引

Point
1 **デリバティブ取引とは** ～金融派生商品ともいう
2 **オプション取引** ～将来、**買う権利**や**売る権利**を取引する

1 デリバティブ取引とは

学科重要度 ★

デリバティブ取引とは、もととなる金融商品など（**原資産**）から派生して生まれた金融商品（金融派生商品）です。代表例には、将来の売買を予約する**先物取引**や、権利を売買する**オプション取引**があります。

2 オプション取引

学科重要度 ★★

株式など（原資産）を、将来、特定の価格（権利行使価格）で**買う権利**や**売る権利**を売買する取引です。**買う権利**を**コール・オプション**、**売る権利**を**プット・オプション**といい、オプションにつけられた値段を**プレミアム**といいます。

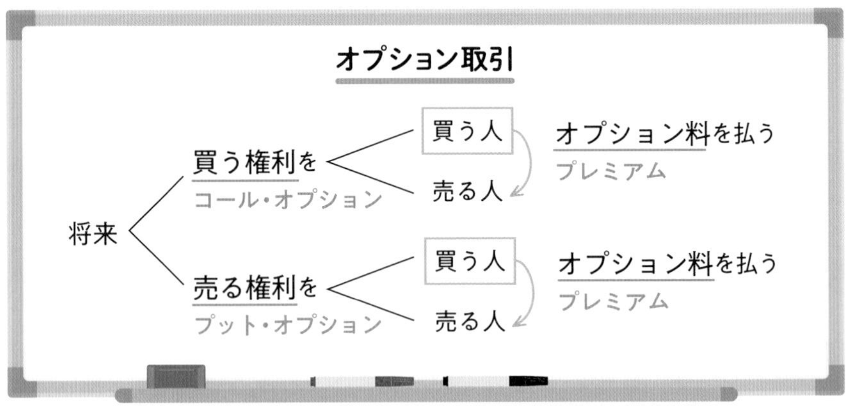

オプションの買い手の特徴

オプションを買った人（**コールの買い手**と**プットの買い手**）は、買った権利を行使すると不利な状況になった場合は、権利を行使せず放棄できます。

❽金融商品と税金

Point

1 **預貯金と税金** ～預貯金の利息は**利子所得**で**源泉**分離課税
2 **債券と税金** ～債券の利子は**利子所得**だけど**申告**分離課税
3 **株式と税金** 重要 ～NISAをしっかり理解しよう
4 **投資信託と税金** 重要 ～株式投資信託の収益分配金が重要
5 **外貨建て商品と税金** ～外貨預金の税金を整理しよう

所得の種類や課税方法（源泉分離課税、申告分離課税、総合課税）などは、「第4章 タックスプランニング」でしっかり学習します。

1 預貯金と税金

学科重要度 ★

預貯金の利息は、**利子所得**として、**20.315%**（所得税15.315%、住民税５%）の税率により源泉徴収されて課税が完結する**源泉分離課税**となります。

2 債券と税金

学科重要度 ★

債券のうち、**国債**・地方債・公募社債（だれでも購入できる社債）などのことを、**特定公社債**といい、課税関係は次のとおりです。

利　子	**利子所得**として、**20.315%**（所得税15.315%、住民税５%）の税率で源泉徴収されるが、申告の必要な**申告分離課税**（ただし、申告不要とできる）
償還差益 譲渡益	上場株式等の**譲渡所得**として、**20.315%**（所得税15.315%、住民税５%）の税率による**申告分離課税**

預貯金の利息は**源泉分離課税**ですが、特定公社債の利子は**申告分離課税**です。同じ利子所得なのに違うので注意!

3 株式と税金

学科重要度 ★★★

Ⅰ 上場株式の税金の原則

配当金	配当所得として、20.315％（所得税15.315％、住民税５％）の税率により源泉徴収され、申告不要とできる ➡申告する場合は、総合課税か申告分離課税のいずれかを選択する
譲渡益	上場株式等の譲渡所得として、20.315％（所得税15.315％、住民税５％）の税率による申告分離課税

上場株式等の譲渡損失

上場株式等の**譲渡損失**は、**申告分離課税**を選択した**配当所得**と**損益通算**することができます。また、損益通算しても控除しきれない譲渡損失は、翌年以降**３年間**、**繰越控除**することもできます。

Ⅱ NISA（ニーサ）（少額投資非課税制度） 重要

NISAとは、一定の株式や株式投資信託など（債券や公社債投資信託は対象外）の利益について**非課税**とする制度です。2024年から新しくなりました。

	つみたて投資枠	成長投資枠
利用可能者	1月1日時点で18歳以上	
投資方法	定期かつ継続的な方法で投資	制限なし
年間非課税投資額	120万円	240万円
	併用可能（最大360万円）	
非課税期間	無期限	
生涯非課税限度額	1,800万円 （売却部分の枠の再利用が可能）	
		1,200万円
投資可能期間	恒久化（制限なし）	
投資対象商品	積立・分散投資に適した一定の公募株式投資信託・ETF	上場株式・一定の公募株式投資信託・ETF・REIT

＊上記のNISA口座内で生じた譲渡損失は、他の口座の配当等や譲渡益と損益通算できません。

＊非課税とするために、確定申告は不要です。

4 投資信託と税金

学科重要度 ★★★

Ⅰ 投資信託の税金の原則

公社債投資信託（公募*）	特定公社債と同じ（特定公社債等に含まれる） 収益分配金は利子所得、換金時の利益は譲渡所得
株式投資信託（公募*）	上場株式と同じ（上場株式等に含まれる） 収益分配金は配当所得、換金時の利益は譲渡所得

＊公募とは、だれでも購入できる投資信託のこと。

Ⅱ 追加型株式投資信託の普通分配金と元本払戻金（はらいもどしきん） 重要

追加型株式投資信託の収益分配金は、値上り部分（収益）から支払われる**普通分配金**と、元本が戻ってきた部分である**元本払戻金（特別分配金）**に区分できます。**普通分配金**は**配当所得**として**課税対象**ですが、**元本払戻金（特別分配金）**は**非課税**です。

具体例

10,000円で購入した投資信託が300円値上りし、10,300円になったところで収益分配金が500円支払われました。500円のうち**300円**は**普通分配金**、**200円**は**元本払戻金（特別分配金）**です。

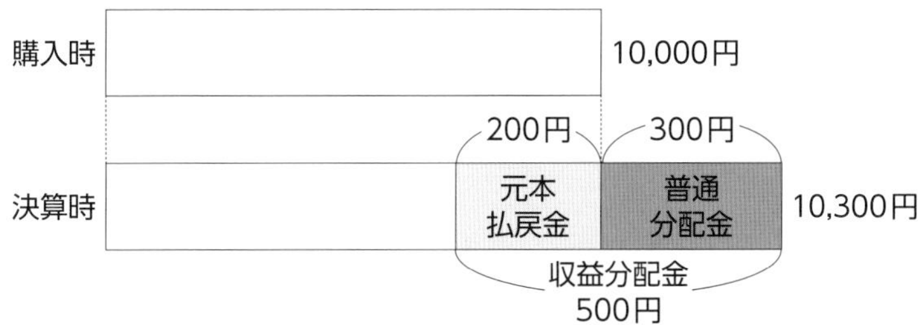

5 外貨建て商品と税金

学科重要度 ★

	外貨預金（為替予約なし）	外貨建てMMF
利息	利子所得として源泉分離課税	—
収益分配金	—	利子所得として申告分離課税
為替差益	雑所得として総合課税	譲渡所得として申告分離課税

⑨ポートフォリオ運用

Point
1 ポートフォリオ運用 計算 ～期待収益率の計算が重要！
2 リスク軽減効果と相関係数 ～リスクを減らすためには？

1 ポートフォリオ運用

学科重要度 ★★

一般に、運用資産全体のことを**ポートフォリオ**といい、預貯金、債券、株式、投資信託などに**分散投資**を行うことで、**リスクを軽減**しながら収益を上げようとすることを、**ポートフォリオ運用**といいます。

ポートフォリオ全体の**期待収益率**は、組み入れた各資産の期待収益率を組入比率で**加重平均**した値と等しくなります。

計算問題にチャレンジ！

問題 A資産の期待収益率が10%、B資産の期待収益率が5%の場合に、A資産を70%、B資産を30%の割合で組み入れたポートフォリオの**期待収益率**は？

解答 ポートフォリオの期待収益率
＝Aの期待収益率×Aの組入比率＋Bの期待収益率×Bの組入比率
＝10%×0.7＋5%×0.3＝8.5%

＊組入比率（70%、30%）は、小数（0.7、0.3）にして計算します。

2 リスク軽減効果と相関係数

学科重要度 ★★★

分散投資によりポートフォリオの**リスクを軽減**するためには、できるだけ、値動きの異なる資産を組み合わせることが効果的です。2つの資産に分散投資する場合に、値動きが似ているか似ていないかを数値で表したものを**相関係数**といいます。相関係数は、**－1から1**までの数値となります。

相関係数＝－1	相関係数＝0	相関係数＝1
2資産はまったく反対に動く。リスク軽減効果は最大	2資産の値動きに関係性はない。リスク軽減効果はある	2資産はまったく同じ動きをする。リスク軽減効果はない

⑩セーフティネット・関連法規

Point
1 セーフティネット 重要 ～**預金保険制度**が特に重要！
2 関連法規 ～**金融サービス提供法**と**金融商品取引法**が重要！

1 セーフティネット

学科重要度 ★★★

Ⅰ 預金保険制度 重要

預金保険制度の対象金融機関（国内に本店のある銀行など）が破綻した場合には、次のとおり、預金者の預金が保護されます。

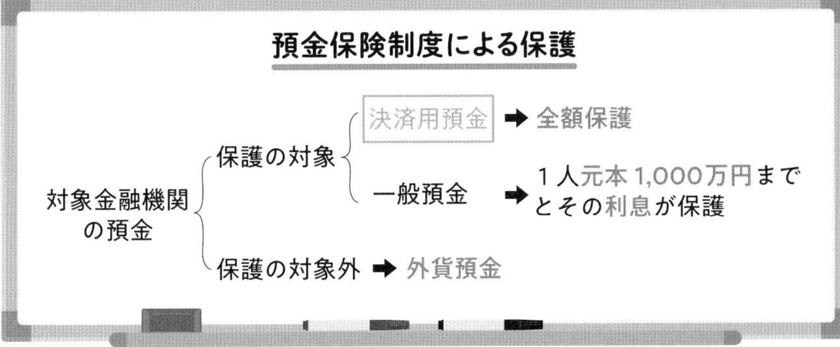

決済用預金の定義

決済用預金とは、「**①無利息、②要求払い、③決済サービスを提供できる**」という３条件を**すべて**満たした預金のことです。

➡②はいつでも引出しできること、③は振込みや自動引落しなどができることをいいます。

Ⅱ 日本投資者保護基金

証券会社（**金融商品取引業者**）が破綻し、一般顧客から預かっていた有価証券や金銭を返還できなくなった場合、**日本投資者保護基金**が、一般顧客1人当たり**1,000万円**まで補償します。

2 関連法規

学科重要度 ★★☆

I 金融サービス提供法（金融サービスの提供に関する法律）

従来の金融商品販売法は、2021年11月に、金融サービス提供法に改称・改正されました。

対象となる顧客	下記①はプロを除く個人・法人、②はすべての個人・法人
対象となる金融商品	預貯金、債券、株式、投資信託、保険、デリバティブなど
金融商品販売業者の義務・禁止事項	①対象金融商品を販売する前に、顧客に対してリスクなど重要事項を説明する義務がある ②断定的判断の提供の禁止 ➡「A社株は必ず値上りする」などと勧誘すること
法律の効果	上記①②に違反した場合、顧客は**損害賠償請求**ができる

＊改正法では、金融サービス仲介業（銀行、証券、保険のサービスをまとめて仲介すること）が創設されました。

II 消費者契約法

対象となる顧客	個人（個人事業主の契約を除く）
法律の効果	事業者が消費者に対して、重要事項を誤認させたり困惑させる行為を行って契約を締結した場合、消費者は契約を**取り消す**ことができる

III 金融商品取引法

証券会社などの**金融商品取引業者**に対して、金融商品の販売・勧誘に関するルールが定められています。主なものは次のとおりです。

（1）適合性の原則

顧客の**知識、経験、財産の状況**、契約を締結する目的に照らして不適当と認められる勧誘を行ってはなりません。

（2）契約締結前の書面交付義務

契約前に、取引の内容、手数料、リスクなどの重要事項を記載した書面（**契約締結前交付書面**）を投資家に交付したうえで、説明をしなければなりません。投資家（プロを除く）から交付不要の意思表示があった場合でも、書面交付義務は免除されません。

第4章

タックスプランニング

出題ポイント

学科試験

10種類の所得のうち退職所得や一時所得が頻出です。配偶者控除や扶養控除、確定申告も重要です。

実技保険 実技個人	所得税について、会社員または個人事業主の総合事例問題が出題されます。一時所得や所得控除(配偶者控除、扶養控除など)が重要です。
実技資産	所得金額の計算や所得控除が頻出です。

❶ 税金の種類 …… C
❷ 所得税の仕組み …… B
❸ 10種類の所得 その1 計算 …… B
❹ 10種類の所得 その2 計算 …… A
❺ 損益通算 計算 …… A
❻ 所得控除 その1 …… A
❼ 所得控除 その2 …… A
❽ 税額控除 …… A
❾ 所得税の申告と納付 …… A
❿ 個人住民税・個人事業税 …… C

学科試験の重要度

❶税金の種類

Point

1 **国税と地方税** ～**地方税**の代表例は**固定資産税**
2 **直接税と間接税** ～**間接税**の代表例は**消費税**
3 **申告納税方式と賦課課税方式** ～**所得税**は申告が必要

1 国税と地方税

学科重要度 ★☆☆

国税	国が課税する税金 具体例 所得税、法人税、相続税、贈与税
地方税	地方公共団体（都道府県、市区町村）が課税する税金 具体例 個人住民税、固定資産税

2 直接税と間接税

学科重要度 ★☆☆

直接税	税金を負担する人と、納める人（納税義務者）が同じ税金 具体例 所得税、法人税、相続税、贈与税
間接税	税金を負担する人と、納める人（納税義務者）が違う税金 具体例 消費税、酒税 ➡書店で本を買ったら、消費税を払う（負担する）のは買った人ですが、消費税を納める義務があるのは書店です

3 申告納税方式と賦課課税方式

学科重要度 ★☆☆

申告納税方式	納税者自らが税額を計算して自ら納める税金 具体例 所得税、法人税、相続税、贈与税
賦課(ふか)課税方式	国や地方公共団体が計算した税額を納める税金 具体例 個人住民税、固定資産税

❷所得税の仕組み

Point
1 **所得税とは** ～所得税は**個人**の**1年間**の**所得**にかかる税金
2 **所得税の特色** ～所得は**10種類**に分けられる
3 **所得税の計算の手順** ～**手順を理解**して学習を進めよう

1 所得税とは

学科重要度 ★

I 所得税とは

所得税は、**個人**が1年間（1月1日から12月31日まで）に得た**所得**に対して課税される税金です。所得とは、**収入金額**から**必要経費**を差し引いたものをいいます。

所得金額＝収入金額－必要経費

所得税を学習するとき、「収入金額」と「所得金額」は違うことを頭に入れておこう。

II 申告納税方式

所得税は、納税者自らが1年間の所得金額と税額を計算し、翌年**2月16日から3月15日**までの間に確定申告を行って納税する**申告納税方式**の税金です。

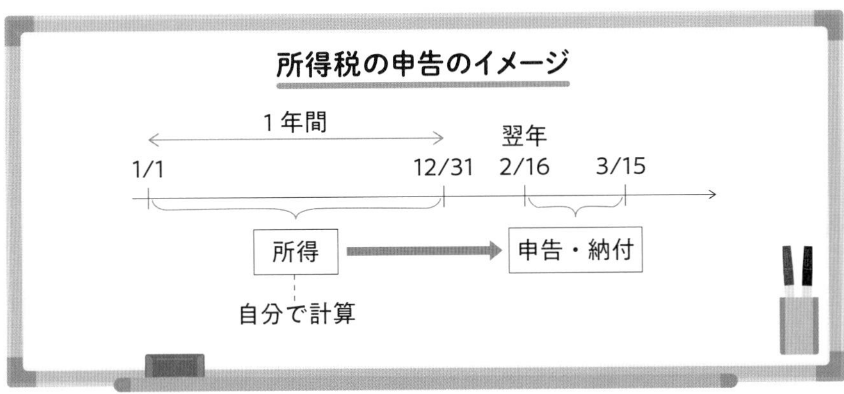

所得税の納税義務者の区分

居住者	国内に住所を有する、または現在まで引き続いて1年以上居所を有する個人 ➡国内で稼いだ所得（国内源泉所得）だけでなく、外国で稼いだ所得（国外源泉所得）にも納税義務がある（非永住者以外の場合）
非居住者	居住者以外の個人 ➡国内源泉所得だけ納税義務がある

2 所得税の特色

学科重要度 ★★★

I 10種類の所得

個人の所得は、所得の性質に応じて次の**10種類**に区分して、それぞれの方法で所得金額を計算します。

❶ 利子所得
預貯金や債券の利子など

❷ 配当所得
株式の配当金など

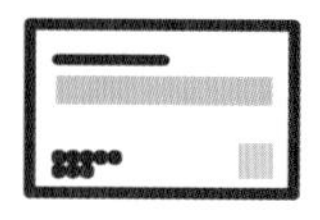

❸ 不動産所得
大家さんの家賃など

❹ 事業所得
個人事業主の売上など

❺ 給与所得
会社員の給料・賞与など

❻ 退職所得
退職金など

❼ 山林所得
林業の人の所得

❽ 譲渡所得
資産の譲渡（売却）による所得
➡①土地建物、②株式、③その他の3つに区分される

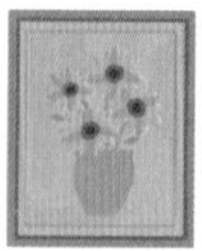

❾ 一時所得
生命保険の満期保険金
など

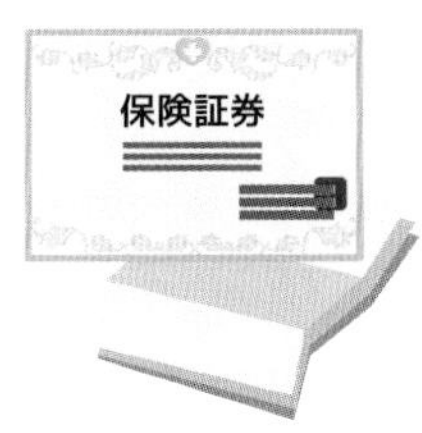

❿ 雑所得（①＋②）
①公的年金等
老齢年金など

②その他
個人年金保険の年金
外貨預金の為替差益など

Ⅱ 非課税所得

所得税が課されない非課税所得には、次のようなものがあります。

具体例
①公的年金の障害給付と遺族給付 ➡老齢給付は雑所得です
②生活に通常必要な動産（家具や衣服など）を譲渡したことによる所得
③宝くじの当せん金
④雇用保険、健康保険などからの給付
⑤相続、遺贈または個人からの贈与により取得するもの　など
➡相続税または贈与税の対象です

正しく直そう！

所得税において、老齢基礎年金や老齢厚生年金に係る所得は、非課税所得とされる。（過去問題）

×➡雑所得として所得税の課税対象となる。

Ⅲ 課税方法

10種類の所得の課税方法は、**総合課税**（所得を**合計**してから課税）と**分離課税**（それぞれの所得ごとに課税）に分けられますが、**総合課税が原則**です。総合課税となる所得を合計したものを**総所得金額**といいます。

総合課税と分離課税の分類

総合課税の所得	分離課税の所得
・配当所得（原則） ・不動産所得 ・事業所得 ・給与所得 ・土地建物、株式等以外の譲渡所得 ・一時所得 ・雑所得	・利子所得 ・退職所得 ・山林所得 ・土地建物の譲渡所得 ・株式等の譲渡所得

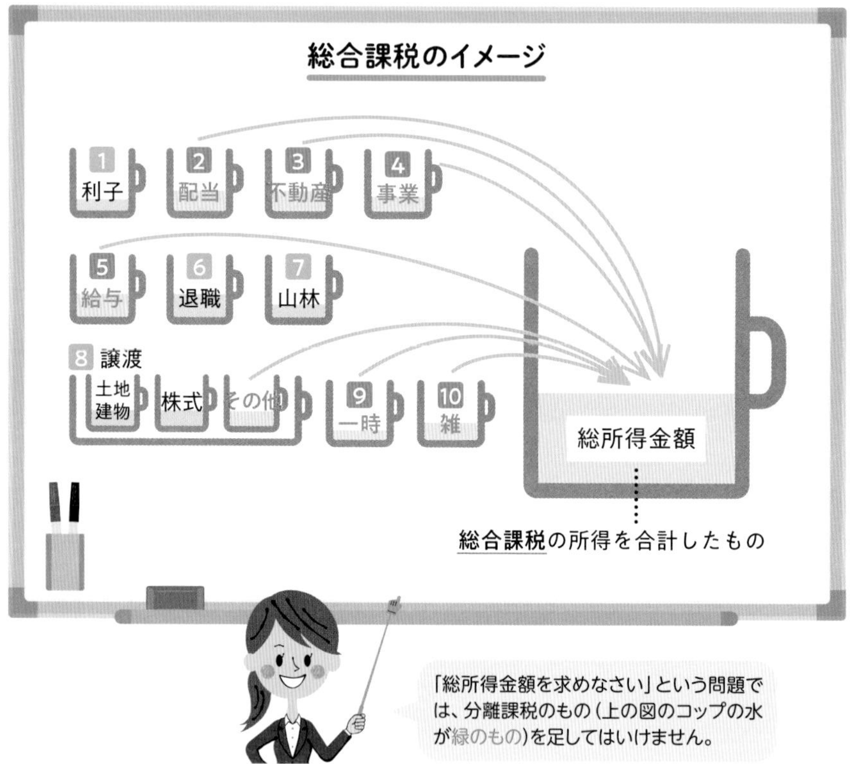

「総所得金額を求めなさい」という問題では、分離課税のもの（上の図のコップの水が緑のもの）を足してはいけません。

分離課税の種類

申告分離課税	確定申告が必要な分離課税 ➡分離課税の所得のほとんどが申告分離課税
源泉分離課税	支払を受ける際に所得税額が天引き（＝源泉徴収という）されることで課税が完結するため、確定申告は必要ない

Ⅳ 超過累進税率

総合課税の所得税の税率は一律ではなく、所得が多くなるにしたがって段階的に税率が高くなる**超過累進税率**となっています。

■ 所得税の速算表　　所得税額＝(A)×(B)－(C)

課税所得金額(A)		税率(B)	控除額(C)
	195万円以下	5%	－
195万円超	330万円以下	10%	97,500円
330万円超	695万円以下	20%	427,500円
695万円超	900万円以下	23%	636,000円
900万円超	1,800万円以下	33%	1,536,000円
1,800万円超	4,000万円以下	40%	2,796,000円
4,000万円超		45%	4,796,000円

速算表を覚える必要はありません(他の税金も同様です)。試験で速算表が与えられたら、下記の計算例のように計算できればOKです。

計算例

課税所得金額が**400万円**の人の所得税額は？

答➡400万円×20%－42万7,500円＝37万2,500円

Ⅴ 復興特別所得税

所得税と併せて**復興特別所得税**が課されます。復興特別所得税額は、所得税額の**2.1%**です。

➡東日本大震災からの復興のために必要な財源を確保するための税金です。

3 所得税の計算の手順

学科重要度 ★★☆

所得税の計算の手順のイメージは次のとおりです。

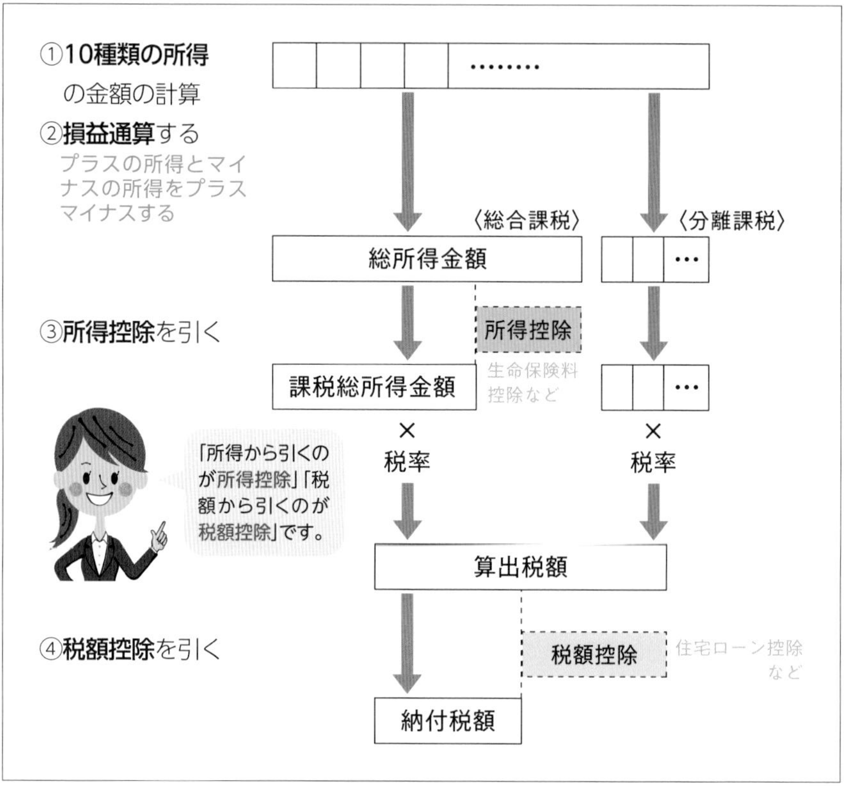

①**10種類の所得**の金額の計算

②**損益通算**する
プラスの所得とマイナスの所得をプラスマイナスする

〈総合課税〉 総所得金額

〈分離課税〉

③**所得控除**を引く

所得控除（生命保険料控除など）

課税総所得金額 × 税率

× 税率

算出税額

④**税額控除**を引く

税額控除（住宅ローン控除など）

納付税額

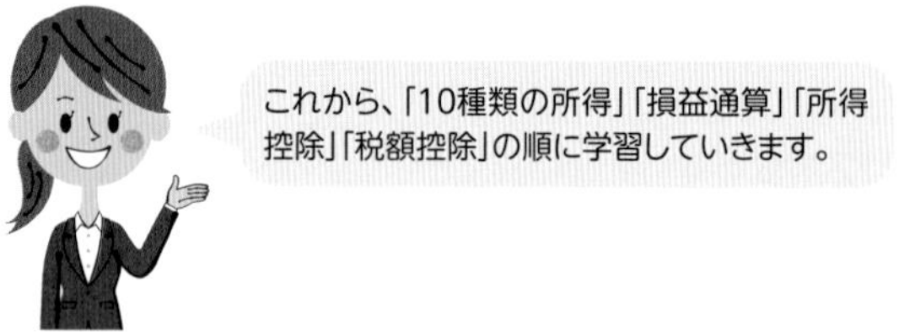

「所得から引くのが所得控除」「税額から引くのが税額控除」です。

これから、「10種類の所得」「損益通算」「所得控除」「税額控除」の順に学習していきます。

❸10種類の所得 その1

Point

1 **利子所得** ～**預貯金**の利子と**債券**の利子は課税方法が違う
2 **配当所得** ～配当金をもらうときに税額が**源泉徴収**される
3 **不動産所得** ～大家さんの**家賃収入**などが該当する
4 **事業所得** ～個人事業主の売上などは**総合課税**となる
5 **給与所得** 計算 ～**計算方法**をマスターしよう

1 利子所得

学科重要度 ★★☆

Ⅰ 利子所得とは

利子所得とは、**預貯金**の利子、**公社債**（債券）の利子、公社債投資信託の収益分配金などの所得のことをいい、利子所得の金額は、収入金額と同額です。

利子所得の金額＝収入金額 ➡利子所得に必要経費はない

Ⅱ 利子所得の課税方法

預貯金の利子	20.315％（所得税15.315％、住民税５％）の税率で源泉徴収されて課税が完結する源泉分離課税
特定公社債等(→p107)の利子等	20.315％（所得税15.315％、住民税５％）の税率で源泉徴収されるが、申告の必要な申告分離課税（ただし、申告不要とできる）

2 配当所得

学科重要度 ★★☆

Ⅰ 配当所得とは

配当所得とは、**株式の配当金**や、**株式投資信託・不動産投資信託**の収益分配金などの所得のことをいい、配当所得の金額は、次の算式で計算します。

配当所得の金額＝収入金額－株式などを取得するための負債の利子

Ⅱ 配当所得の課税方法

上場株式等の配当等（大口株主を除く）は、**20.315％**（所得税15.315％、住民税５％）の税率で**源泉徴収**されますが、原則として**総合課税**です（確定申告で精算します）。

ただし、**20.315％**（所得税15.315％、住民税５％）の**申告分離課税**を選択したり、**申告不要**とすることもできます。

3 不動産所得

学科重要度 ★★★

不動産所得とは、**不動産の貸付**による所得（大家さんの家賃収入など）のことをいいます。貸付が大規模（**事業的規模**といいます）であっても、**事業所得ではなく不動産所得**です。不動産所得の金額は、次の算式で計算され、**総合課税**となります。

不動産所得の金額＝総収入金額－必要経費

家賃、地代、敷金・保証金、礼金、更新料など
➡ただし、あとで返還する敷金・保証金は、総収入金額に含めません。

所得税において、事業的規模で行われている不動産の貸付による所得は、事業所得に該当する。（過去問題）

×➡規模にかかわらず、不動産所得に該当する。

4 事業所得

学科重要度 ★★★

I 事業所得とは

事業所得とは、**個人事業主**などの事業から生ずる所得のことです。事業所得の金額は、次の算式で計算され、**総合課税**となります。

事業所得の金額＝総収入金額－必要経費

II 減価償却費（げんかしょうきゃくひ） 重要

（1）減価償却とは

事業所得の必要経費の１つに**減価償却費**があります。**土地以外**の資産（建物、車、機械など）は、時間の経過によって価値が減っていくので、購入した年に購入金額の全額を必要経費にはしません。その資産（**減価償却資産**）の使用可能期間で分割して必要経費（**減価償却費**）としていくことを**減価償却**といいます。

土地は、時間の経過によって価値が減るわけではないので、減価償却資産ではありません。

（2）減価償却費の計算方法

定額法	毎年、同じ額（定額）を必要経費にする方法 ➡新たに取得する**建物**や建物附属設備および構築物は、定額法しか選択できない
定率法	既に必要経費とした額を引いた残りの金額に、一定率を掛けて計算する方法

売上原価の計算

売上原価は、事業所得の必要経費となります。売上原価とは、売り上げた商品に対応する仕入金額などのことをいい、次の算式で計算されます。

売上原価＝年初の棚卸高＋年間仕入高－年末の棚卸高
➡商品の在庫の総額のこと

5 給与所得

学科重要度 ★★★

I 給与所得とは 計算 実技保険 実技個人

給与所得とは、会社員などが勤務先から受け取る**給料**や**賞与**などの所得のことですが、出張旅費や、通勤に通常必要な**通勤手当**（月額上限**15万円**）は非課税となります。給与所得の金額は、次の算式で計算され、**総合課税**となります。

給与所得の金額＝収入金額－給与所得控除額

■ 給与所得控除額 ➡赤い数字以外は覚えなくてOK!

収入金額		給与所得控除額
	162.5万円以下	55万円
162.5万円超	180万円以下	収入金額×40％－10万円
180万円超	360万円以下	収入金額×30％＋8万円
360万円超	660万円以下	収入金額×20％＋44万円
660万円超	850万円以下	収入金額×10％＋110万円
850万円超		195万円（上限）

＊給与収入金額が850万円を超える人が次に該当する場合、給与収入金額（1,000万円を超える場合は1,000万円）から850万円を控除した金額の10％に相当する金額を、給与所得の金額から控除します（所得金額調整控除）。

・23歳未満の扶養親族がいる
・本人が特別障害者である
・特別障害者である同一生計配偶者または扶養親族がいる

計算問題にチャレンジ！

問題 年収700万円の会社員の給与所得の金額は？

解答 ①給与所得控除額＝700万円×10％＋110万円＝180万円
②給与所得の金額＝700万円－①180万円＝520万円

II 給与所得者の年末調整

勤務先から受け取る給料や賞与からは所得税が**源泉徴収**され、年末には勤務先が1年分の精算を行う（これを**年末調整**といいます）ことで納税が完了するため、給与所得者は、一定の場合を除き**確定申告をする必要はありません。**

年末調整の結果は、**「給与所得の源泉徴収票」**に記載されます（→p143）。

❹ 10種類の所得 その2

Point

1 **退職所得** 重要 計算 ～計算方法をマスターしよう
2 **山林所得** ～林業の人の所得
3 **譲渡所得** ～何を売却したかによって3つに分かれる
4 **一時所得** 重要 計算 ～計算方法をマスターしよう
5 **雑所得** ～老齢年金などは雑所得

1 退職所得

学科重要度 ★★★

I 退職所得とは

退職所得とは、退職により勤務先から受け取る**退職一時金**などの所得のことで、**分離課税**となります。

II 退職所得の金額 重要 計算 実技保険 実技資産

退職所得の金額＝(収入金額－退職所得控除額)× $\frac{1}{2}$

退職所得控除額

勤続年数*	退職所得控除額
20年以下	40万円×勤続年数(最低80万円)
20年超	800万円＋70万円×(勤続年数－20年)

＊勤続年数の1年未満の端数は、1年に切り上げます。

講師のポイント講義

退職所得控除額の計算式は理解すればむずかしくありません。「**勤続年数20年までは1年当たり40万円、20年を超えた部分は1年当たり70万円**」と覚えておけばOK!　勤続年数20年超の計算式の前半800万円は、20年分(40万円×20年＝800万円)です。

計算問題にチャレンジ！

問題 勤続年数32年４ヵ月の人が、退職一時金を2,500万円受け取った場合、退職所得の金額は？

解答 勤続年数：32年４ヵ月→切り上げて**33年**として計算

①退職所得控除額＝800万円＋70万円×（33年－20年）＝1,710万円

②退職所得の金額＝（2,500万円－①1,710万円）× $\frac{1}{2}$ ＝395万円

講師メモ 退職所得控除額の計算のしかた

計算式①は**後半を先に計算**（70万円×13年＝910万円）してから、前半の800万円を足します。

最後に2分の1を掛け忘れないよう注意!

Ⅲ 退職所得の課税方法

退職一時金を受け取る際には、勤務先が**源泉徴収**しますが、**「退職所得の受給に関する申告書」**を提出したかどうかによって、取扱いが異なります。

提出した人	退職所得の金額に対して、適正な所得税額が源泉徴収されるため、原則として確定申告は必要ない
提出しない人	収入金額（退職一時金の額）の20.42％が源泉徴収され、退職所得控除額が適用されていないため、確定申告を行い精算する

2 山林所得

学科重要度 ★☆☆

山林所得とは、山林（山にある林のこと）を伐採して譲渡した場合などの所得のことをいい、分離課税となります。

山林所得のイメージは、林業です。長年育てた木を伐採して売却した場合の所得です。

3 譲渡所得

学科重要度 ★

譲渡所得とは、**資産を譲渡（売却）**したことによる所得のことをいい、資産を①土地建物、②株式等、③その他（ゴルフ会員権、金地金など）の3つに区分しています。それぞれの課税方法は次のとおりです。

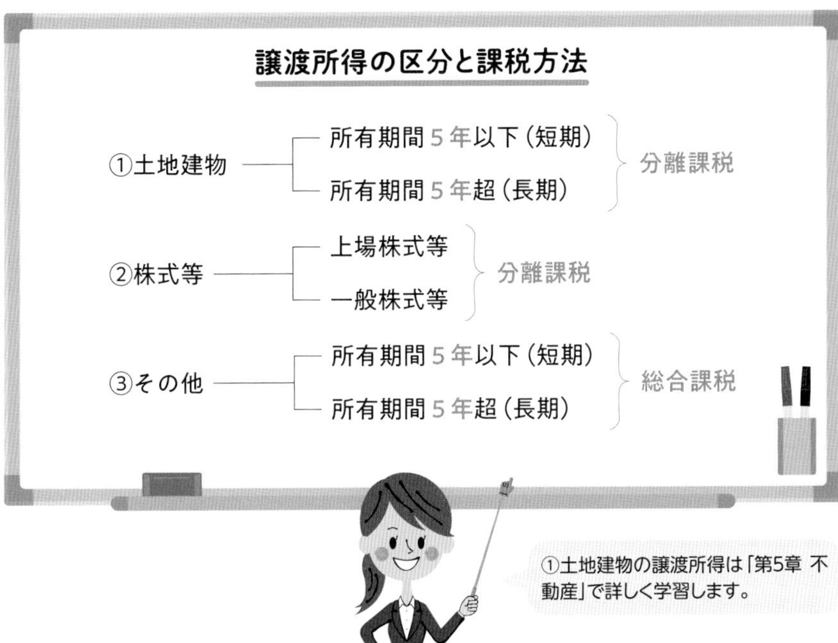

①土地建物の譲渡所得は「第5章 不動産」で詳しく学習します。

4 一時所得

学科重要度 ★★★

I 一時所得とは

一時所得とは、これまでの8種類の所得に該当しないもののうち、**一時的な所得**のことをいい、次のようなものがあります。

具体例

①**生命保険の**満期保険金・解約返戻金
②懸賞や福引の賞金品
③法人から贈与された金品
④**ふるさと納税の**返礼品

Ⅱ 一時所得の金額と課税方法 重要 計算 実技保険 実技個人

一時所得の金額＝総収入金額 － 収入を得るために支出した金額 － 特別控除額（最高50万円）

一時所得は**総合課税**となりますが、一時所得の金額の**2分の1**だけが**総所得金額に算入**されます。

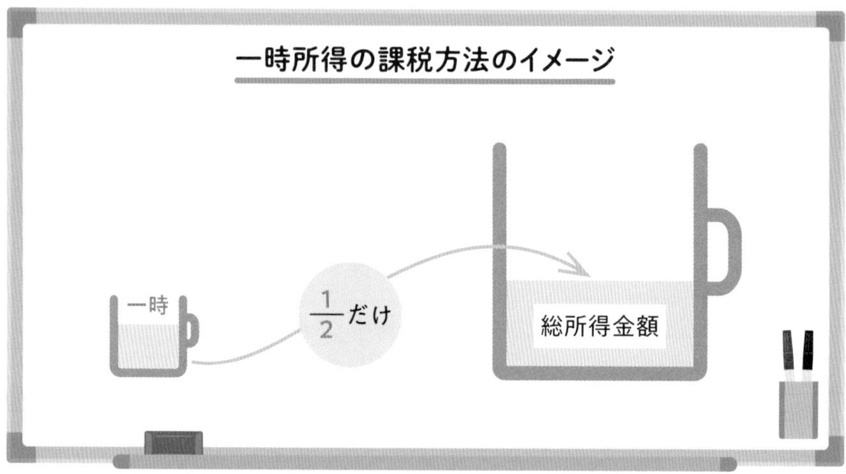

計算問題にチャレンジ！

問題 養老保険（保険期間20年、払込済保険料900万円）の満期保険金1,000万円を受け取った場合、**総所得金額に算入される一時所得の金額**は？

解答 ①一時所得の金額＝1,000万円－900万円－50万円＝50万円

②総所得金額に算入される一時所得の金額＝①50万円×$\frac{1}{2}$＝25万円

一時所得の金額は、収入金額からその収入を得るために支出した金額を控除し、さらに特別控除額を控除した後の金額であり、その全額が総所得金額に算入される。（過去問題）

×➡一時所得の金額の2分の1が総所得金額に算入される。

5 雑所得

学科重要度 ★★

I 雑所得とは

雑所得とは、他の９種類のいずれにも該当しない所得をいい、①**公的年金等**と②**その他**に区分されます。雑所得は、**総合課税**となります。

具体例
①公的年金等…公的年金の老齢年金（老齢基礎年金、老齢厚生年金）、確定拠出年金の老齢給付金など
②その他………個人年金保険の年金、外貨預金の為替差益、副業の所得など

公的年金の障害年金と遺族年金は非課税です。

II 雑所得の金額

雑所得の金額＝①＋②
①公的年金等＝収入金額－公的年金等控除額
②その他＝総収入金額－必要経費

公的年金等控除額は、他の所得金額、年齢、公的年金等の収入金額によって異なります。公的年金等に係る雑所得の金額以外の所得金額が1,000万円以下の場合、65歳未満は最低**60万円**、65歳以上は最低**110万円**が認められています。

⑤損益通算

Point
1 損益通算とは 重要 計算 ～頭文字で不事山譲(ふじさんじょう)と覚えよう
2 損益通算できない損失 重要 ～不事山譲でも対象外のもの

1 損益通算とは

学科重要度 ★★★

10種類の所得の金額の計算上、損失が発生した場合、その損失（マイナス）と他のプラスの所得を通算することを**損益通算**といいます。損益通算の対象となる損失は、次の**4つの所得に限定**されています。

①不動産所得の損失
②事業所得の損失
③山林所得の損失
④譲渡所得の損失

所得の頭文字で不事山譲(ふじさんじょう)（富士山上）と覚えましょう。

計算問題にチャレンジ！

問題 Aさんの各種所得の金額が次のとおりである場合、**総所得金額**は？

不動産所得の金額	900万円
事業所得の金額	▲200万円
雑所得の金額	▲50万円

解答 事業所得の損失は損益通算できるが、雑所得の損失は損益通算できない。
総所得金額＝900万円（不動産）－200万円（事業）＝700万円

2 損益通算できない損失

学科重要度 ★★★

「不事山譲(ふじさんじょう)」の頭文字の４つの所得の損失であっても、次の損失は、**損益通算することはできません。**

（1）不動産所得の損失のうち損益通算できないもの 重要

・**土地等**を取得するために要した**負債の利子**の額

➡建物の場合は、損益通算できます。

具体例

不動産所得の損失が100万円で、**土地等**を取得するために要した負債の利子の額が30万円の場合、損益通算の対象となる損失は、「100万円－30万円＝**70万円**」となります。

（2）譲渡所得の損失のうち損益通算できないもの

・**土地建物**の譲渡損失

➡ただし、一定の**居住用財産**（マイホーム）の譲渡損失だけは、損益通算できます。

・**株式等**の譲渡損失

➡ただし、上場株式等の譲渡損失は、一定の**配当所得・利子所得**との間でのみ、損益通算できます。

・**生活に通常必要でない資産**の譲渡損失　（例）ゴルフ会員権、金地金（きんじがね）、別荘

・**非課税所得**の計算上生じた譲渡損失　（例）生活用動産（家具、衣服など）

不動産所得の金額の計算上生じた損失の金額のうち、建物を取得するために要した負債の利子の額に相当する部分の金額は、損益通算の対象とならない。（過去問題）

✕➡損益通算の対象とならないのは、土地等を取得するための負債の利子の額である。建物は対象となる。

❻所得控除 その1

Point

1 **所得控除とは** ～**所得金額から差し引く**ことができる
2 **雑損控除** ～災害・盗難などで被害にあった場合に使える
3 **医療費控除** 重要 ～対象とならない医療関係費もある
4 **社会保険料控除** ～社会保険料の**全額**が控除の対象
5 **小規模企業共済等掛金控除** 重要 ～**確定拠出年金**の掛金
6 **寄附金控除** ～対象となる寄附をした場合に使える

1 所得控除とは

学科重要度 ★★★

所得税額の計算上、**所得金額**から差し引く（控除する）ものを**所得控除**といいます。所得税が課されるもととなる所得金額が少なくなる結果、所得控除の適用を受けない場合と比べて、所得税額が少なくなる効果があります。

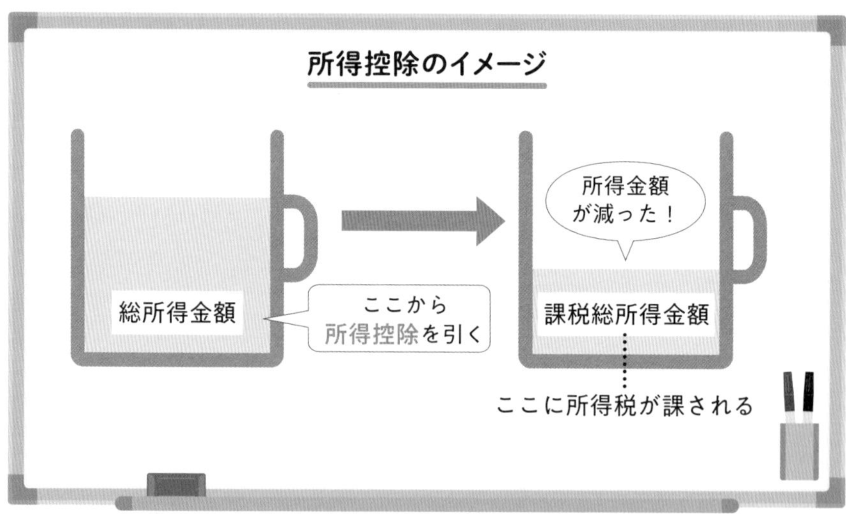

2 雑損控除

学科重要度 ★☆☆

災害・盗難・横領によって、資産（住宅、家財、現金など）に損害を受けた場合に、適用を受けることができます。

3 医療費控除

学科重要度 ★★★

本人・**生計を一にする配偶者その他の親族**に対する医療費を支払った場合に、適用を受けることができます。

控除額（最高200万円） ＝ 支払った医療費 － **保険金等で補てんされる金額** － **①10万円 ②総所得金額等×5％ のうち小さいほう**

➡生命保険からの入院給付金など

I 医療費控除の対象

医療費控除の対象となる	・医師や歯科医師による診療費や治療費 ・治療や療養のための医療品購入費 (例) 薬局で買った風邪薬 ・入院時の食事代 ・出産費用 ・通院のための電車代、バス代、緊急時のタクシー代
医療費控除の対象とならない	・美容整形費用 ・健康増進や疾病予防のための医薬品購入費 ・通院のための自家用車のガソリン代や駐車場代 ・健康診断や人間ドックの費用 ➡診断の結果、重大な疾病が発見され、かつ、治療した場合は、**医療費控除**の対象となる ・未払い医療費 (例) 年末に治療を受けてその年中に支払が終わっていないもの

正しく直そう！

所得税において、人間ドックの受診費用は、その人間ドックによって特に異常が発見されなかった場合であっても、医療費控除の対象となる。（過去問題）

✕➡異常が発見されなかった場合は、医療費控除の対象とならない。診断の結果、重大な疾病が発見され、かつ、治療した場合は、医療費控除の対象となる。

II セルフメディケーション税制(医療費控除の特例)

本人・生計を一にする配偶者その他の親族に対する特定一般用医薬品等(スイッチOTC薬・一部の一般用医薬品)の購入費を支払い、**本人**が一定の健康診査や予防接種などを行った場合に、適用を受けることができます。

この特例と**通常の医療費控除は併用できません。**

控除額 (最高8万8,000円)	＝	支払った 購入費	−	保険金等で補てん される金額	−	1万2,000円

4 社会保険料控除

学科重要度 ★

本人・**生計を一にする配偶者その他の親族**の負担すべき社会保険料を支払った場合に、適用を受けることができます。控除額は、支払った社会保険料の**全額**です。

5 小規模企業共済等掛金控除

学科重要度 ★★★

小規模企業共済や**確定拠出年金**(個人型年金・企業型年金)の掛金を支払った場合に、適用を受けることができます。控除額は、支払った掛金の**全額**です。

➡本人の分の掛金のみが対象であり、生計を一にする配偶者その他の親族の分の掛金は対象になりません。

6 寄附金控除

学科重要度 ★

特定寄附金(国や地方公共団体への寄附、財務大臣が指定したものなど)を支出した場合に、適用を受けることができます。自分が応援したい自治体に寄附をする**ふるさと納税**も寄附金控除の対象です。

控除額＝特定寄附金の額－2,000円

生命保険料控除、地震保険料控除は、「第2章 リスク管理」で学習します。

❼所得控除 その2

Point
1 **配偶者控除** 重要 ～所得要件と控除額を覚えよう
2 **配偶者特別控除** ～配偶者控除との違いを確認しよう
3 **扶養控除** 重要 ～扶養親族の年齢による控除額を覚えよう
4 **基礎控除** ～所得金額が多いと適用されない

1 配偶者控除

学科重要度 ★★★

本人の合計所得金額が1,000万円以下で、本人と生計を一にしている**配偶者の合計所得金額**が48万円以下（**給与収入金額**でいうと103万円以下）の場合に、本人の合計所得金額に応じて最高**38万円***の控除を受けることができます。

なお、対象となる配偶者のことを**控除対象配偶者**といいますが、**青色事業専従者**や**事業専従者**である配偶者は対象となりません。

＊老人控除対象配偶者（70歳以上）は48万円

青色事業専従者や事業専従者は、個人事業主の家族従業員のことです。給与の一部または全部が個人事業主の必要経費になっているため、配偶者控除などの対象にはならないのです。

配偶者控除の控除額

本人の合計所得金額	一般の控除対象配偶者	老人控除対象配偶者
900万円以下	38万円	48万円
900万円超　950万円以下	26万円	32万円
950万円超　1,000万円以下	13万円	16万円

配偶者控除の対象となる控除対象配偶者とは、納税者と生計を一にする配偶者（青色事業専従者として給与の支払を受ける者および事業専従者に該当する者を除く）で、かつ、その合計所得金額が103万円以下である者をいう。（過去問題）

×➡合計所得金額が48万円以下である者をいう。なお、給与収入金額でいうと103万円以下となる。

2 配偶者特別控除

本人の合計所得金額が**1,000万円以下**で、本人と生計を一にしている配偶者の合計所得金額が48万円超133万円以下の場合に、本人と配偶者の合計所得金額に応じて、最高**38万円**の控除を受けることができます。

なお、青色事業専従者や事業専従者である配偶者は対象となりません。

■ **配偶者控除と配偶者特別控除の所得要件**

	本人の合計所得金額	配偶者の合計所得金額
配偶者控除	1,000万円以下	48万円以下
配偶者特別控除		48万円超133万円以下

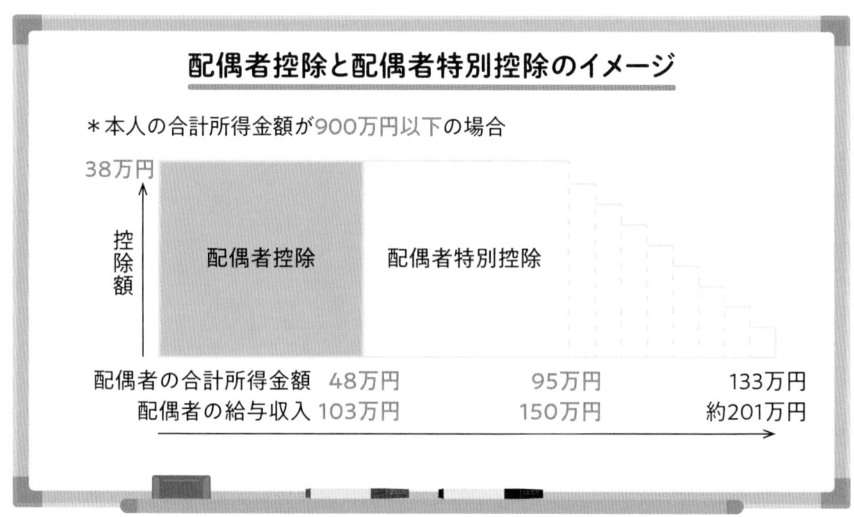

3 扶養控除

学科重要度 ★★

控除対象扶養親族がいる場合、控除を受けることができます。**扶養親族**とは、本人と生計を一にしている親族で、**合計所得金額**が**48万円以下**（**給与収入金額**でいうと**103万円以下**）の人のことをいい、扶養親族のうち**16歳以上**の人を**控除対象扶養親族**といいます。その年の**12月31日**現在の年齢によって控除額が異なります。

なお、青色事業専従者や事業専従者である扶養親族は対象となりません。

■ **扶養控除の控除額**

扶養親族の年齢	区分	控除額
16歳未満	(対象外)	(0円)
16歳以上19歳未満	一般の控除対象扶養親族	38万円
19歳以上23歳未満	特定扶養親族	63万円
23歳以上70歳未満	一般の控除対象扶養親族	38万円
70歳以上	老人扶養親族	48万円（下記以外） 58万円（同居老親等*）

*同居老親等とは、本人または配偶者の**直系尊属（父母・祖父母）**で同居している70歳以上の人のことです。

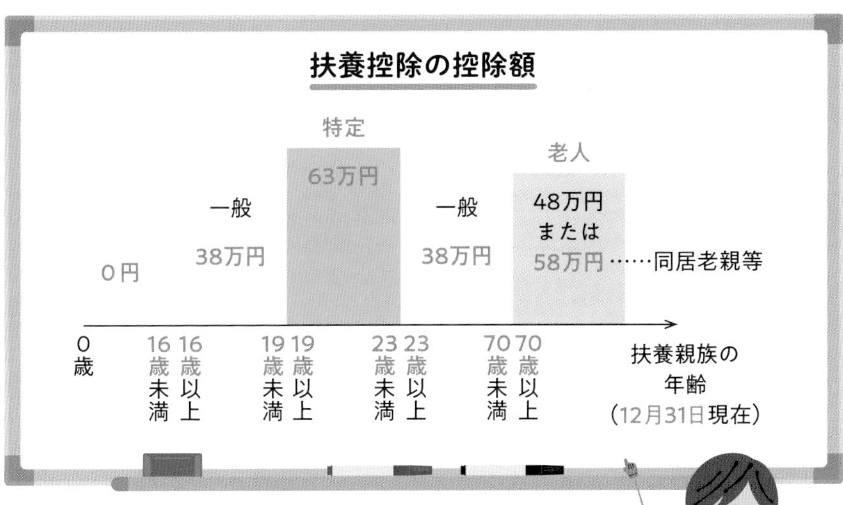

4 基礎控除

学科重要度 ★

合計所得金額が**2,500万円以下**の場合に、合計所得金額に応じて、最高**48万円**の控除を受けることができます。

合計所得金額		控除額
	2,400万円以下	48万円
2,400万円超	2,450万円以下	32万円
2,450万円超	2,500万円以下	16万円

❽税額控除

Point

1 **税額控除とは** ～**所得税額から差し引く**ことができる

2 **住宅借入金等特別控除** 重要 ～適用要件の**数字**を覚えよう

3 **配当控除** ～適用対象となる配当とならない配当を整理しよう

1 税額控除とは

学科重要度 ★☆☆

税額控除とは、課税所得金額に税率を掛けて算出した**所得税額**から差し引く（控除する）ものです。主なものに、**住宅借入金等特別控除（住宅ローン控除）**と**配当控除**があります。

2 住宅借入金等特別控除

学科重要度 ★★★

Ⅰ 住宅借入金等特別控除（住宅ローン控除）とは

10年以上の**住宅ローン**を利用してマイホームを新築・取得・増改築をし、一定の要件を満たした場合、新築住宅（認定長期優良住宅や省エネ基準を満たしたものに限る）は**13年間**・中古住宅は**10年間**、**住宅ローン控除**の適用を受けることができます。

Ⅱ 適用を受ける要件 重要

住宅ローンの要件	返済（償還）期間10年以上 ➡一部繰上げ返済をすることで、当初からの返済（償還）期間が10年未満となった場合、残りの控除期間は適用を受けることができない
住宅の要件	新築・取得した住宅の床面積が50㎡以上（合計所得金額が1,000万円以下の場合は40㎡以上）であり、床面積の2分の1以上の部分がもっぱら自己の居住の用に供するものであること
居住要件	新築・取得の日から6ヵ月以内に居住の用に供し、適用を受ける各年の12月31日まで引き続き住んでいること
所得要件	適用を受ける年分の合計所得金額が、2,000万円以下 ➡床面積が40㎡以上50㎡未満の新築住宅の場合は、1,000万円以下

Ⅲ 控除額

控除額＝住宅ローンの年末残高 ×0.7％
➡住宅区分、居住年、新築か中古かによって、上限額が異なります。

3 配当控除

学科重要度 ★★★

Ⅰ 配当控除とは

配当所得について、総合課税を選択して**確定申告**をした場合に限り、**配当控除**として税額から控除することができます。

Ⅱ 適用対象とならない配当 重要

次の配当などは配当控除の適用を受けることはできません。

①申告分離課税を選択した配当等
②申告不要を選択した配当等
③上場不動産投資信託（J－REIT）から受け取る分配金
④NISA口座で非課税とされた配当等
⑤外国法人から受け取る配当等

Ⅲ 控除額

控除額＝配当所得の金額×10％
➡課税総所得金額等が1,000万円超の部分は５％

講師のポイント講義

配当金は、会社の利益の中から株主に支払われるものです。会社の利益には法人税がかかっているのに、その利益から支払われる配当金に所得税をかけると二重課税になってしまいます。これを調整するため、税額控除として配当控除が認められているのです。

⑨所得税の申告と納付

Point
1 **確定申告と納付** ～申告は翌年**2月16日**から**3月15日**まで
2 **給与所得者と確定申告** 重要 ～確定申告の必要な人は？
3 **青色申告制度** 重要 ～青色申告できる人・**特典**をおさえよう
4 **給与所得の源泉徴収票** ～読み取り方を確認しよう

1 確定申告と納付

学科重要度 ★★

Ⅰ 確定申告の概要

所得税は、1月1日から12月31日までの1年間に生じた所得について、原則として翌年の2月16日から3月15日までの間に申告と納税を行います。

なお、確定申告書の提出先は、**納税者の住所地**を所轄する税務署長です。

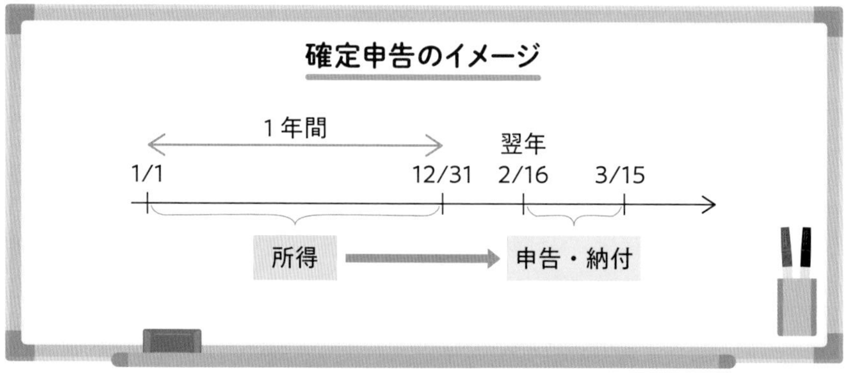

Ⅱ 納税者が死亡した場合の確定申告（準確定申告）

年の中途で死亡した人の所得税は、**相続人**が、死亡した人の1月1日から死亡日までの所得金額に基づく税額を計算して、相続の開始があったことを知った日の翌日から**4ヵ月以内**に申告と納税を行います。

これを、**準確定申告**といいます。

Ⅲ 確定申告を間違えたとき

納める税金が多過ぎた場合には、申告期限から**5年以内**に**更正の請求**を行うことにより、税金の還付を受けることができます。また、納める税金が少な過ぎた場合は、できるだけ早く**修正申告**により誤った内容を訂正します。

2 給与所得者と確定申告

学科重要度 ★★★

Ⅰ 給与所得者で確定申告が必要な人 重要

給与所得者は、勤務先の**年末調整**によって所得税額が確定し、納税が完了するため、確定申告の必要はありません。しかし、給与所得者であっても次に該当する人は、確定申告が必要です。

①給与収入金額（年収）が**2,000万円を超える**人
②給与所得および退職所得以外の所得金額が**20万円を超える**人　など

Ⅱ 給与所得者と還付申告 重要

給与所得者は、次のような場合は、確定申告（還付申告）を行うことにより、納め過ぎの所得税の還付を受けることができます。これらは、**年末調整では適用を受けることはできず**、確定申告を行わなければ、適用を受けることができません。

還付申告書は、翌年１月１日から**５年間**提出することができます。

①所得控除のうち、**雑損控除**・**医療費控除**・**寄附金控除**の適用を受ける場合
➡それ以外の所得控除は、年末調整で適用を受けられる
②住宅借入金等特別控除（住宅ローン控除）の適用を受ける**最初の年**
➡**２年目以降**は年末調整で適用を受けられるため、**申告不要**である

ふるさと納税ワンストップ特例制度

確定申告が不要な**給与所得者**で、ふるさと納税を行う自治体の数が**5団体以内**である場合、**「ふるさと納税ワンストップ特例制度」**の適用を受けることができます（確定申告せずに適用を受けられます）。この場合、所得税では寄附金控除は控除されず、その分も含めて住民税から控除されます。

3 青色申告制度

学科重要度 ★★★

Ⅰ 青色申告制度とは

青色申告制度とは、一定水準の記帳をして正しい申告をする人は、有利な取り扱いが受けられる制度です。青色申告をすることができる人は、**不動産所得**、**事業所得**、**山林所得**がある人に限定されています。

青色申告者は、帳簿書類を原則として**7年間**保存しなければなりません。

所得の頭文字で不事山（ふじさん）は青色（富士山は青色）と覚えましょう。損益通算できる損失の不事山譲（ふじさんじょう）と似ているので注意!(→p130)

Ⅱ 青色申告の申請手続

原則	その年の3月15日までに「青色申告承認申請書」を納税地の所轄税務署長に提出する
新規開業した場合	その年の1月16日以後に新規開業した場合、開業日から2ヵ月以内に「青色申告承認申請書」を納税地の所轄税務署長に提出する

Ⅲ 青色申告の特典 重要

（1）青色申告特別控除

所得金額から、最高**55万円**（**65万円**）または**10万円**を差し引くことができます。

55万円（65万円）	事業的規模の不動産所得または事業所得を生ずべき事業を営んでいる青色申告者が、次の要件をすべて満たしている場合 ①正規の簿記の原則により記帳する ②貸借対照表と損益計算書を確定申告書に添付する ③申告期限内に確定申告をする ➡優良な電子帳簿保存または**電子申告**（e-Tax）を行う場合は**65万円**となる
10万円	上記以外の場合

（2）青色事業専従者給与

青色申告者の事業にもっぱら従事している生計を一にしている配偶者その他の親族（家族従業員）に支払った給与は、原則として、**必要経費に算入**することができます。その家族従業員は、配偶者控除や扶養控除の対象とはなりません。

（3）純損失の繰越控除

事業所得などの金額に損失が生じ、損益通算してもなお損失が残った場合の**純損失**は、原則として、翌年以後**3年間**にわたって繰り越して、各年分の所得金額から控除することができます。

4 給与所得の源泉徴収票

学科重要度 ★

令和6年分 **給与所得の源泉徴収票**

支払を受ける者	住所又は居所	東京都世田谷区×××	（受給者番号）
			（役職名）
			氏名 （フリガナ） A

種別	支払金額	給与所得控除後の金額（調整控除後）	所得控除の額の合計額	源泉徴収税額
給料・賞与	内 8,000千 000円	6,100千 000円	3,240千 000円	内 192千 400円

（源泉）控除対象配偶者の有無等 有	従有	老人	配偶者（特別）控除の額	控除対象扶養親族の数（配偶者を除く。） 特定 人	従人	老人 内 人	従人	その他 人	従人	16歳未満扶養親族の数 人	障害者の数（本人を除く。） 特別 内 人	その他 人	非居住者である親族の数 人
○			380千 000円	1				1		1			

社会保険料等の金額	生命保険料の控除額	地震保険料の控除額	住宅借入金等特別控除の額
内 1200千 000円	120千 000円	50千 000円	千 円

（摘要）

生命保険料の金額の内訳	新生命保険料の金額	150000円	旧生命保険料の金額	円	介護医療保険料の金額	100000円	新個人年金保険料の金額	120000円	旧個人年金保険料の金額	円

住宅借入金等特別控除の額の内訳	住宅借入金等特別控除適用数		居住開始年月日（1回目）	年 月 日	住宅借入金等特別控除区分（1回目）		住宅借入金等年末残高（1回目）	円
	住宅借入金等特別控除可能額	円	居住開始年月日（2回目）	年 月 日	住宅借入金等特別控除区分（2回目）		住宅借入金等年末残高（2回目）	円

（源泉・特別）控除対象配偶者	（フリガナ） 氏名 B	区分	配偶者の合計所得	300000円	国民年金保険料等の金額 円	旧長期損害保険料の金額 円
					基礎控除の額 円	所得金額調整控除額 円

控除対象扶養親族	（フリガナ） 氏名	区分	16歳未満の扶養親族	（フリガナ） 氏名	区分
1	C		1	E	
2	D		2		
3			3		
4			4		

未成年者	外国人	死亡退職	災害者	乙欄	本人が障害者 特別	本人が障害者 その他	寡婦	ひとり親	勤労学生	中途就・退職 就職	退職	年	月	日	受給者生年月日 元号	年	月	日
															昭和	48	1	1

支払者	住所(居所)又は所在地	東京都千代田区×××
	氏名又は名称	××株式会社 （電話）

実技試験では、「給与所得の源泉徴収票」の読み取り問題が出題される可能性があります。どこに何が記載されているのか把握しておきましょう。

具体的な計算方法

（1）給与所得の金額の計算

・給与収入金額＝800万円……………………… 支払金額

・給与所得の金額＝収入金額－給与所得控除額

①給与所得控除額（→p 124）

800万円×10％＋110万円＝190万円

②給与所得の金額

800万円－①190万円＝610万円……… 給与所得控除後の金額

（2）所得控除の額の計算

（配偶者控除）（特定扶養控除）（一般扶養控除）（基礎控除）（社会保険料控除）

38万円 ＋ 63万円 ＋ 38万円 ＋ 48万円 ＋ 120万円

（生命保険料控除）（地震保険料控除）

＋ 12万円 ＋ 5万円 ＝324万円………… 所得控除の額の合計額

・「（源泉）控除対象配偶者の有無等 有 ○」とあり、「配偶者の合計所得300,000円」と48万円以下であるため、配偶者控除38万円の適用があります。

・「控除対象扶養親族の数 特定 1人」は63万円、「その他 1人」は38万円の控除です。

・基礎控除48万円は通常、記載されないので忘れずに！

（3）課税所得金額の計算

（1）610万円－（2）324万円＝286万円

（4）所得税額の計算（→p 119）

①所得税額：（3）286万円×10％－9万7,500円＝18万8,500円

②復興特別所得税額：①18万8,500円×2.1％＝3,958円（円未満切捨て）

➡所得税額の2.1％の復興特別所得税がかかります。

③ ①18万8,500円＋②3,958円＝19万2,458円→19万2,400円

（100円未満切捨て）

………… 源泉徴収税額

⑩個人住民税・個人事業税

Point
1 個人住民税 ～個人住民税の所得割は一律10％
2 個人事業税 ～一定の事業を営む人に課税される

1 個人住民税

学科重要度 ★

道府県民税と市町村民税をあわせて**住民税**といいます。**前年**の所得金額に応じて課税される**所得割**の税率は、一律10％です。個人住民税は、その年の**1月1日現在**の住所地で課税されます。

個人住民税は、原則として**賦課課税方式**であるため、所得税の確定申告をした人は、個人住民税の申告は必要ありません。

2 個人事業税

学科重要度 ★

個人事業税は、事業（事業所得、事業的規模の不動産所得）を営む人に対して、都道府県が課税します。翌年３月15日までに申告することとされていますが、所得税の確定申告をした人は、事業税の申告は必要ありません。

事業税額＝(事業の所得金額－事業主控除額290万円)×税率
➡事業により３％～５％

第5章

不動産

出題ポイント

学科試験

不動産登記、建築基準法（道路・建蔽率・容積率）や不動産の譲渡と税金が特によく出題されています。

実技試験

実技保険	出題されません。
実技個人 実技資産	建蔽率を使用した最大建築面積や、容積率を使用した最大延べ面積の計算問題が頻出です。

学科試験の重要度

1. 不動産の見方 …… A
2. 不動産の取引 …… A
3. 都市計画法 …… B
4. 建築基準法 計算 …… A
5. 区分所有法 …… B
6. 農地法 …… C
7. 不動産の取得・保有と税金 …… B
8. 不動産の譲渡と税金 …… A
9. 不動産投資 計算 …… B

❶不動産の見方

Point
1 **不動産登記** 重要 ～不動産登記には**表題部**と**権利部**がある
2 **土地の公的価格** ～4つの公的価格の特徴を確認しよう

1 不動産登記

学科重要度 ★★★

I 不動産登記とは 重要

不動産登記は、土地や建物の所在・面積、所有者の住所・氏名などを**法務局**（登記所）の登記簿に記載して公開するものです。内容を確認するために、**だれでも**、法務局に対して**登記事項証明書**（登記事項の全部または一部を証明した書面）や登記事項要約書（登記事項の概要を記載した書面）の交付請求をすることができます。➡交付請求できる人は所有者に限定されていません。

不動産登記を**申請**する場合にも、**法務局**に対して行います。

■ **相続登記の義務化（2024年4月1日開始）**

相続または遺贈（遺言でもらうこと）によって不動産を取得した人は、**3年以内**に相続登記の申請をしなければなりません。2024年4月1日より前に相続した場合も義務化の対象です（2027年3月31日までに登記が必要）。

II 不動産の登記記録の仕組み 重要

登記記録は、1筆（登記上の1つの土地の単位）の土地または1個の建物ごとに、**表題部**と**権利部**に区分して作成されています。さらに、権利部は**甲区**と**乙区**の2つに区分されています。

表題部 （表示に関する登記）		土地・建物に関する物理的状況が記録 ➡建物を新築した所有者は、表示に関する登記を**1ヵ月以内**に申請しなければならない （土地）…所在、地番、地目、地積（土地の面積）など （建物）…所在、家屋番号、床面積など
権利部 （権利に関する登記）	**甲区**	所有権に関する事項が記録 ➡だれが所有者で、いつ、どのような原因（売買、相続など）で所有権を取得したかがわかる
	乙区	所有権以外の権利（抵当権、賃借権など）が記録

Ⅲ 不動産登記の効力

（1）対抗力 → あり

不動産登記には**対抗力があります**。不動産に関する権利は、その登記をしなければ**第三者に対抗**（主張）することができません（対抗要件）。

➡不動産の二重売買があった場合、先に登記を済ませたほうが、所有権の対抗力を持ちます。

（2）公信力 → なし

不動産登記には、**公信力がありません**。したがって、登記の内容を信頼して真の権利者でない者と取引をした場合、権利を取得できるとは限らず、その権利は原則として法的に保護されません。

登記の記載を信頼して不動産を取得した者は、記載されていた登記名義人が真実の権利者ではなかった場合でも、原則として、その不動産に対する権利が認められる。（過去問題）

×➡不動産登記には公信力がないため、このような場合、権利は認められない。

仮登記

登記申請に必要な書類が用意できないなどの場合、仮登記をすることで、**順位を保全**することができますが、仮登記には、第三者に対する対抗力はありません。

2 土地の公的価格

学科重要度 ★★★

公的な機関が土地の価格を評価するものとして、次の４つの価格があります。

	公示価格	基準地標準価格	相続税路線価	固定資産税評価額
内容	土地取引の目安	公示価格を補完	相続税、贈与税の計算の基礎	固定資産税等の計算の基礎
決定機関	国土交通省	都道府県	国税局	市町村
基準日	毎年１月１日	毎年７月１日	毎年１月１日	３年に１度評価替え
公表	３月下旬	９月下旬	７月上旬	―
評価水準	―	―	公示価格の80%	公示価格の70%

第5章 不動産 ❶不動産の見方

❷不動産の取引

Point
1. **宅地建物取引業法** 重要 ～**媒介契約**の**種類**を確認
2. **不動産の売買** ～**手付**や**契約不適合責任**が重要！
3. **不動産の賃貸借** 重要 ～借地借家法では、主に借主を保護

1 宅地建物取引業法

学科重要度 ★★★

Ⅰ 宅地建物取引業

次の業務を**業として**行うためには、**宅地建物取引業の免許**が必要です。

①宅地建物を自ら、売買・交換する
②宅地建物の売買・交換・貸借の代理をする
③宅地建物の売買・交換・貸借の媒介をする

①には、「貸借（たいしゃく）」が含まれていないため、**宅地建物取引業の免許がなくても、自ら所有する宅地建物の賃貸**を業として行うことができます。

Ⅱ 媒介（ばいかい）契約 重要

たとえば、マイホームを売却する場合、宅地建物取引業者に買主を探してもらうためには、宅地建物取引業者と**媒介契約**を締結します。

規制が緩い ⟷ 規制が厳しい

	一般媒介契約	専任媒介契約	専属専任媒介契約
他の業者へ重ねて依頼できるか	○	×	×
依頼者自らが見つけた相手と直接取引できるか	○	○	×
契約の有効期間	法律上の定めなし	最長3ヵ月	最長3ヵ月
依頼者への業務処理状況の報告義務	法律上の定めなし	2週間に1回以上	1週間に1回以上

○＝できる　×＝できない

2 不動産の売買

学科重要度
★★★

I 手付（てつけ） 重要

民法上、不動産の売買契約において、買主が売主に**手付（解約手付）**を交付した場合、相手方が**契約の履行に着手するまで**は、

①**買主**は、手付を放棄することにより
②**売主**は、手付の倍額を現実に提供することにより
― 契約を解除できます。

宅地建物取引業法上、**売主が宅地建物取引業者**で、買主が宅地建物取引業者でない場合、売主は代金の額の**2割**を超える手付を受け取ることはできません。

II 危険負担

建物の売買契約締結後、引渡し前に、天災など売主の責任ではない事由によって**建物が滅失**し、引渡しができなくなった場合、民法上、買主は売主に代金を支払う必要はありません（危険を負担するのは売主）。

III 契約不適合責任

民法上、売主が買主に引き渡すべき契約の目的物が、種類・品質に関して**契約の内容に適合しないものである場合**（(例) シロアリ、雨漏りなど）、買主は売主に修補・代替物の引渡しを求めることができます（追完請求権）。買主が相当の期間を定めて履行の追完を催告し、その期間内に履行の追完がないときは、代金減額を求めることができます（代金減額請求権）。また、買主は、損害賠償請求、不適合が軽微でなければ契約の解除をすることもできます。

民法上、買主がこれらの権利を行使できるのは、**契約不適合を知った時から1年以内に売主に通知した場合**とされています。

売主が宅地建物取引業者でない場合には、「売主は契約不適合責任を負わない」という特約も有効です。

Ⅳ 売買対象面積（区分建物）

区分建物（マンション）の床面積には、**内法面積**と**壁芯面積**があります。

内法面積	壁その他の区画の内側線で囲まれた部分の水平投影面積
壁芯面積	壁その他の区画の中心線で囲まれた部分の水平投影面積

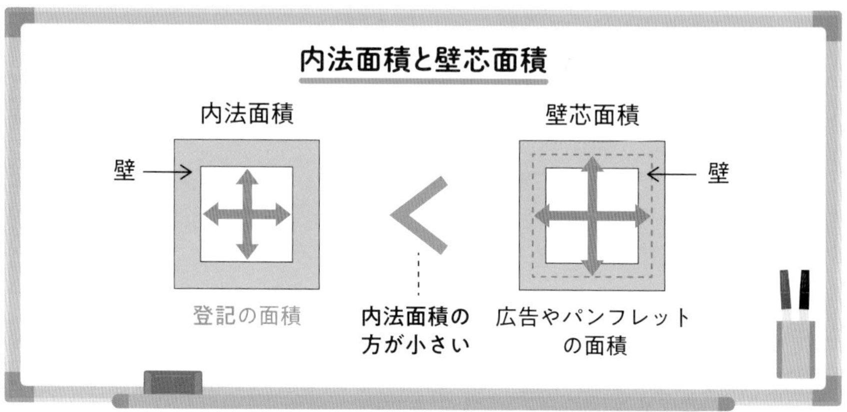

3 不動産の賃貸借（借地借家法）

学科重要度 ★★★

Ⅰ 借地借家法

借地借家法では、土地や建物の貸し借りについて、主に**借主を保護**しています。

Ⅱ 借地権

借地権とは、**建物の所有を目的**とする地上権または土地の賃借権のことをいいます。つまり、他人（地主Aさん）の土地に自分の建物を建てた人（Bさん）の土地を借りる権利のことです。

契約期間が満了しても更新できる**普通借地権**と、更新できない**定期借地権**があります。

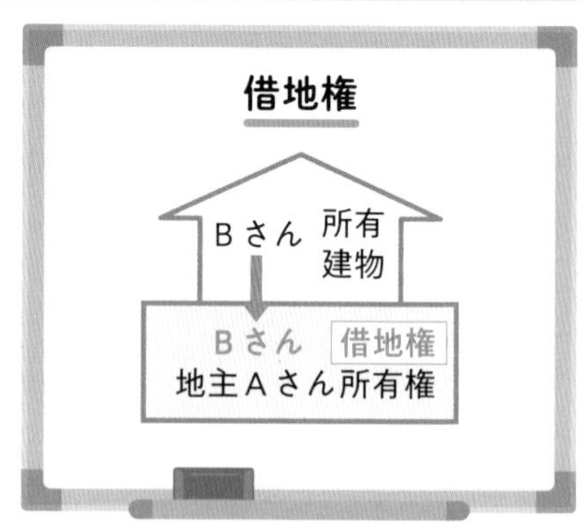

（1）借地権の対抗力

借地権は、その登記がなくても、土地の上に**借地権者名義で登記されている建物**を所有するときは、第三者に借地権を対抗（主張）することができます。

前ページの図で、Bさん(借地権者)が建物を登記していれば、借地権を登記していなくてもBさんの借地権には対抗力があります。

（2）普通借地権

契約期間（存続期間）は**30年以上**で契約します。契約期間が経過する際、借地上に建物がある場合、借地権者（借主）は更新を請求できます。**貸主**（地主）から更新を拒絶するためには、**正当事由**が必要です。

（3）定期借地権

契約期間（存続期間）が満了した場合、**更新されず**に土地は貸主（地主）に返還されます。定期借地権には、**一般定期借地権**、**事業用定期借地権等**、**建物譲渡特約付借地権**の３種類があります。

■ 普通借地権と定期借地権のまとめ 重要

	普通借地権	定期借地権		
		一般定期借地権	事業用定期借地権等	建物譲渡特約付借地権
契約期間（存続期間）	30年以上	50年以上	10年以上 50年未満	30年以上
建物の用途	制限なし	制限なし	もっぱら事業用の建物*に限定	制限なし
契約方法	制限なし	公正証書等の書面（または電磁的記録）	公正証書に限定	制限なし

＊賃貸マンション、社宅などを含めて**居住用**の建物は認められません。

借地借家法上の定期借地権のうち、一般定期借地権の設定を目的とする契約は、公正証書によってしなければならない。　（過去問題）

✕➡書面（または電磁的記録）であればよく、公正証書に限定されていない。なお、事業用定期借地権等では公正証書に限定されている。

第5章 不動産—❷不動産の取引

Ⅲ 借家契約（建物賃貸借契約） 重要

借家権とは、**建物の賃借権**（建物を借りる権利）のことです。契約期間が満了しても更新できる**普通借家契約**と、更新できない**定期借家契約**があります。

（1）建物賃貸借の対抗力

建物の賃借権は、その登記がなくても、**建物の引渡し**があれば、第三者にその権利を対抗（主張）することができます。

（2）普通借家契約（普通建物賃貸借契約）

契約期間は**1年以上**で契約します。契約期間が満了する場合、借主は更新を請求できます。**貸主**から更新を拒絶するためには、**正当事由**が必要です。なお、契約期間を**1年未満**とした場合、**「期間の定めのない契約」**とみなされます。

（3）定期借家契約（定期建物賃貸借契約）

契約期間が満了した場合、**更新されず**に建物は貸主に返還されます。定期借家契約を締結するためには、貸主は、**あらかじめ**、借主に対し「契約の更新がなく、期間の満了により建物の賃貸借は終了する」旨を記載した**書面を交付**（または電磁的方法による提供）して**説明**しなければなりません。

また、契約期間が1年以上の場合、貸主は、契約期間満了の**1年前から6ヵ月前まで**の間に、借主に対して「契約期間満了のため契約が終了する」という通知をしなければ、契約が終了することを借主に対抗（主張）することができません。

■ **普通借家契約と定期借家契約のまとめ**

	普通借家契約	定期借家契約
契約期間	1年以上 ➡1年未満とした場合、「期間の定めのない契約」とみなされる	契約で定めた期間 （1年未満も可）
契約方法	制限なし	公正証書等の書面 （または電磁的記録）

借地借家法の規定では、定期建物賃貸借契約（定期借家契約）の期間満了時、借主から更新の請求があった場合、貸主は、正当の事由がなければ、その更新の請求を拒むことができない。（過去問題）

×➡定期借家契約は、更新されない借家契約である。

❸都市計画法

Point
1 **都市計画区域** ～**市街化区域**と**市街化調整区域**の定義が重要！
2 **開発許可制度** ～**開発行為**をする場合は原則、**許可**が必要

1 都市計画区域

学科重要度 ★

都市計画法は、計画を立てて街づくりを行うための法律です。計画的に街づくりを行う地域のことを**都市計画区域**といい、**市街化区域**と**市街化調整区域**に区分することができます（**線引き**といいます）。

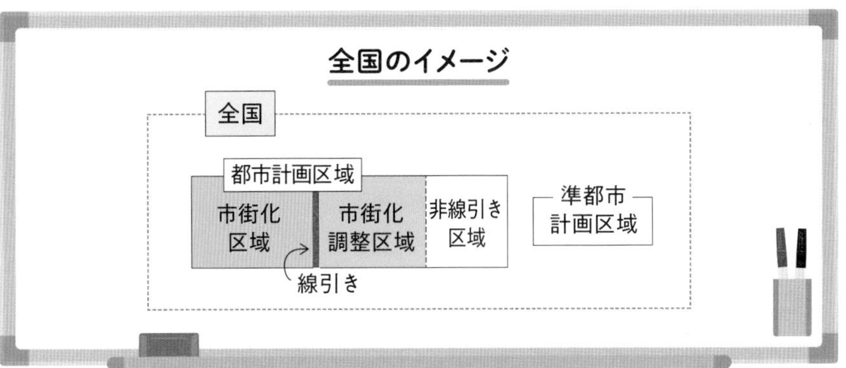

■ 市街化区域と市街化調整区域の定義

市街化区域	①既に市街地を形成している区域 ②おおむね10年以内に優先的かつ計画的に市街化を図るべき区域 ➡建物をどんどん建てていきたい地域
市街化調整区域	市街化を抑制すべき区域 ➡建物を建てず田畑などを残したい地域

2 開発許可制度

学科重要度 ★★★

一定規模の開発行為（建物などを建築するための土地の造成工事）を行うためには、**都道府県知事等の許可**が必要です。**市街化区域**の場合、原則として**1,000㎡以上**の開発行為は、許可が必要です。

④建築基準法

Point

1 **用途制限** 重要 ～用途地域により**建てられない建物**がある
2 **道路と接道義務** 重要 ～道路に接しないと建物を建てられない
3 **建蔽率** 計算 ～建蔽率による**建築面積の計算**が重要！
4 **容積率** 計算 ～容積率による**延べ面積の計算**が重要！
5 **防火規制** ～防火規制が異なる地域にまたがる場合は？

1 用途制限

学科重要度 ★★★

都市計画法では13種類の**用途地域**を定めています。**建築基準法**では、用途地域ごとに建築できる建物と建築できない建物を具体的に定めています。

赤色の箇所を覚えよう！

	住居系								商業系		工業系		
	第一種低層住居専用地域	第二種低層住居専用地域	田園住居地域	第一種中高層住居専用地域	第二種中高層住居専用地域	第一種住居地域	第二種住居地域	準住居地域	近隣商業地域	商業地域	準工業地域	工業地域	工業専用地域
住宅、老人ホーム	○	○	○	○	○	○	○	○	○	○	○	○	×
小・中学校、高校	○	○	○	○	○	○	○	○	○	○	○	×	×
病院	×	×	×	○	○	○	○	○	○	○	○	×	×
ホテル	×	×	×	×	×	○	○	○	○	○	○	×	×

○＝建築可
×＝建築不可

■ **用途制限のポイント**

①**住宅、老人ホーム**は、**工業専用地域以外**には建築できます。

②第一種低層住居専用地域は、住宅以外の建築が最も厳しく制限されています。

③**２つの用途地域にまたがる場合**、**敷地の過半の属する地域**（面積の広いほう）の用途制限が全体に適用されます。

正しく直そう！

建築基準法の規定によれば、住宅は、工業専用地域内および工業地域内では建築することができない。（過去問題）

✕➡住宅は、工業専用地域内には建築できないが、工業地域内には建築できる。

2 道路と接道義務

学科重要度 ★★★

I 建築基準法上の道路

建築基準法上の道路は、**幅員（道路幅）4ｍ以上**の一定の道路のことをいいます。しかし、**幅員4ｍ未満**の道であっても、特定行政庁（市町村長または都道府県知事）が指定した一定の道は、建築基準法上の道路として認められています。

このような道路を、**2項道路**といいます。

建築基準法42条2項で定められているため、**2項道路**といいます。実際に、幅が4m未満の道はたくさんありますよね。

II セットバック

2項道路は、原則として、その**道路の中心線から水平距離で2ｍ後退した**（バックした）線が**道路の境界線**とみなされます。

このことを、**セットバック**といいます。セットバック部分は道路とみなされ、**建蔽率・容積率**の計算上、敷地面積に算入されません。

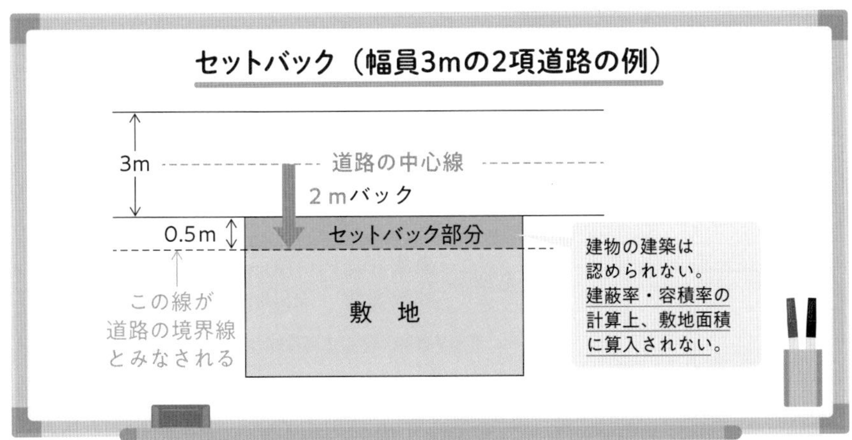
セットバック（幅員3mの2項道路の例）
3m
道路の中心線
2ｍバック
0.5m
セットバック部分
敷　地
この線が
道路の境界線
とみなされる
建物の建築は
認められない。
建蔽率・容積率の
計算上、敷地面積
に算入されない。

図の道路の上にある敷地もセットバックすれば、いずれ幅員4mの道路になりますね。

Ⅲ 接道義務 重要

都市計画区域および準都市計画区域の**建築物の敷地**は、原則として、建築基準法上の道路（原則、**幅員4m以上**の道路）に**2m以上**接しなければなりません。

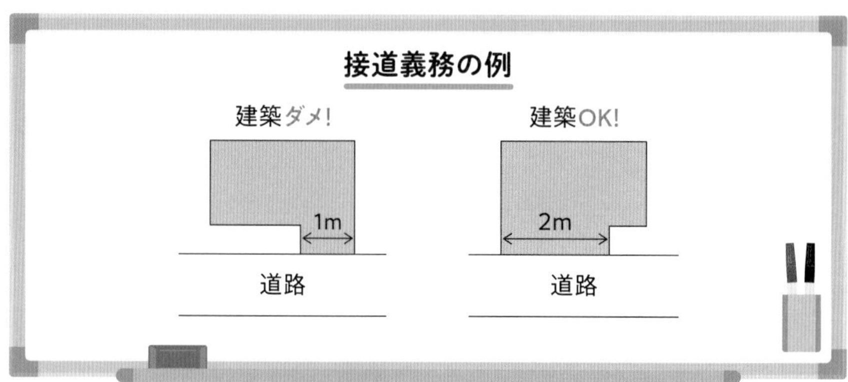

3 建蔽率（けんぺいりつ）

学科重要度 ★★

Ⅰ 建蔽率とは 計算 実技個人 実技資産

建蔽率とは、建築物の**建築面積の敷地面積に対する割合**です。地域ごとに都市計画で建蔽率の上限（**指定建蔽率**）が定められます。**建築面積**とは、いわゆる**建坪**（たてつぼ）のことで、建物を真上から見たときの面積のことです。

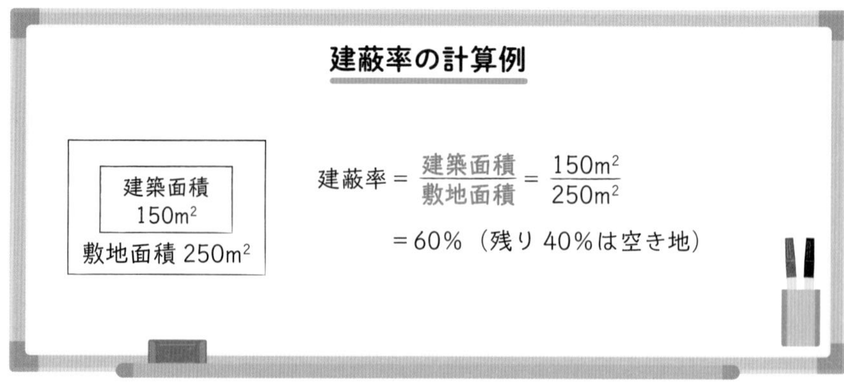

建蔽率の計算例
建築面積
150m2
敷地面積 250m2
建蔽率 = 建築面積/敷地面積 = 150m2/250m2
= 60%（残り 40%は空き地）

Ⅱ 建蔽率の緩和措置 実技個人

次の場合、指定建蔽率にプラスされます（敷地を広く使って建築物を建築できます）。

①**防火地域内の耐火建築物等および** **準防火地域内の耐火建築物等・準耐火建築物等**	プラス10%
②特定行政庁が指定する**角地**	プラス10%
③①②**の両方**に該当する場合	プラス20%
④指定建蔽率が80%の地域で、**防火地域内の耐火建築物等**	建蔽率の制限なし ➡建蔽率は100%となる

講師のポイント講義

火事が起きたときに木造家屋が密集していると、延焼被害が広がります。建蔽率はその防止も目的としています。ですから、防火地域内の耐火建築物など燃えにくい場合や、角地で2つの道路に面していて延焼被害の可能性が低い場合には、建蔽率をプラスしているのです。

Ⅲ 建蔽率の異なる地域にまたがる場合

建築物の敷地が建蔽率の異なる地域にまたがる場合、面積で**加重平均した建蔽率**が敷地全体に適用される建蔽率になります。

計算問題にチャレンジ！

問題 次の300㎡の土地（防火地域・準防火地域ではない）に建築物を建築する場合の最大建築面積は？

解答 （土地①）200㎡×60%＝120㎡　（土地②）100㎡×50%＝50㎡
最大建築面積＝120㎡＋50㎡＝170㎡

第5章 不動産―❹建築基準法

4 容積率

学科重要度 ★★

Ⅰ 容積率とは 計算 実技個人 実技資産

容積率とは、建築物の**延べ面積の敷地面積に対する割合**です。地域ごとに都市計画で容積率の上限（**指定容積率**）が定められます。**延べ面積**とは、各階の床面積を合計した**延べ床面積**のことです。

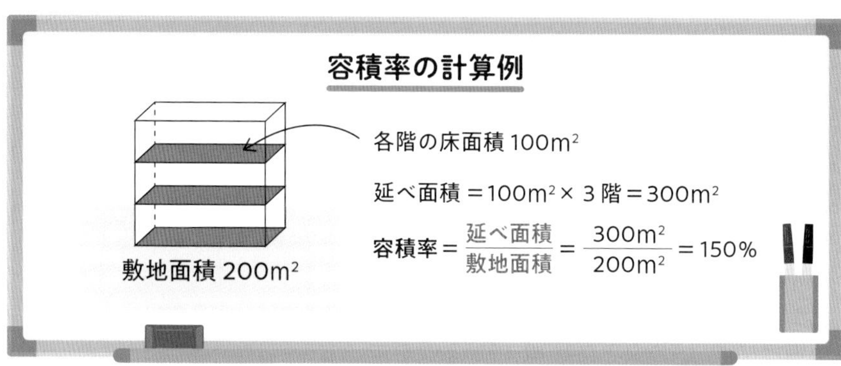

容積率の計算例
各階の床面積 100m²
延べ面積 ＝100m²× 3 階＝300m²
容積率＝ 延べ面積/敷地面積 ＝ 300m²/200m² ＝150%
敷地面積 200m²

Ⅱ 前面道路の幅員による容積率の制限 実技個人 実技資産

前面道路の幅員が12m未満の場合、次の①、②の**いずれか低いほうの容積率が限度**となります。

①**指定容積率**
②**前面道路の幅員（m）×法定乗数**
➡住居系地域は 4 /10、住居系以外の地域は 6 /10が原則

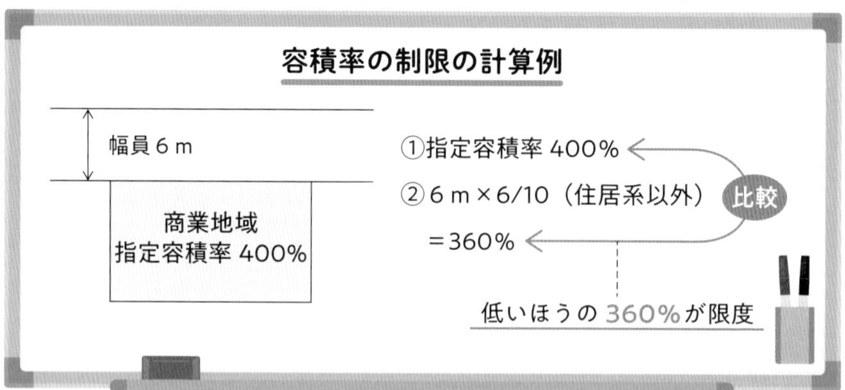

Ⅲ 容積率の異なる地域にまたがる場合

建築物の敷地が容積率の異なる地域にまたがる場合、面積で**加重平均した容積率**が敷地全体に適用される容積率になります。

5 防火規制

学科重要度 ★★

火災による被害から守るため、**防火地域**や**準防火地域**に指定されている地域があります。それらの地域の建築物は、一定の要件に該当した場合、**耐火建築物**や**準耐火建築物**にしなければなりません。

建築物が、**防火規制の異なる地域にまたがる場合**には、**厳しいほうの地域の規制が全体に適用**されます。

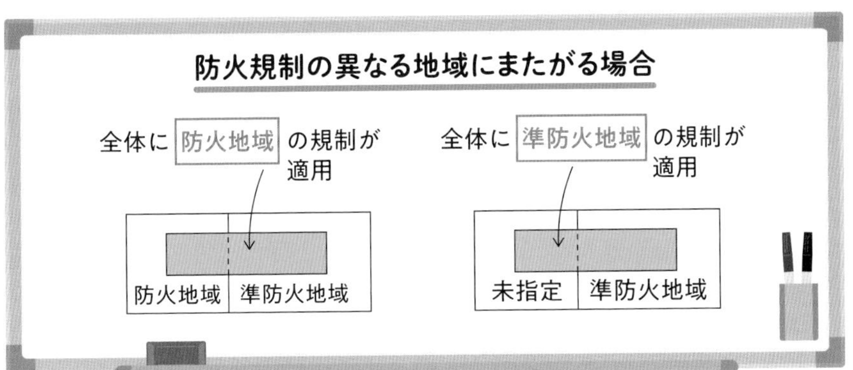

異なる地域にまたがる場合の規制のまとめ 重要

用途制限	敷地の過半の属する地域の用途制限が全体に適用
建蔽率・容積率	面積で加重平均した率が全体に適用
防火規制	厳しいほうの地域の規制が全体に適用

建築物が防火地域および準防火地域にわたる場合においては、原則として、その全部について準防火地域内の建築物に関する規定が適用される。(過去問題)

✕➡全部について厳しいほうである防火地域内の規定が適用される。

⑤区分所有法

Point
1 **区分所有法の基本用語** ～専有部分、共用部分など
2 **集会の決議** 重要 ～分譲マンションの**建替え決議**が重要！

1 区分所有法の基本用語

学科重要度 ★

区分所有法（建物の区分所有等に関する法律）は、１つの建物に多くの所有者がいるマンション（**区分所有建物**）について、さまざまなルールを定めた法律です。マンションの区分された部分（301号室など）を目的とする所有権のことを、**区分所有権**といいます。

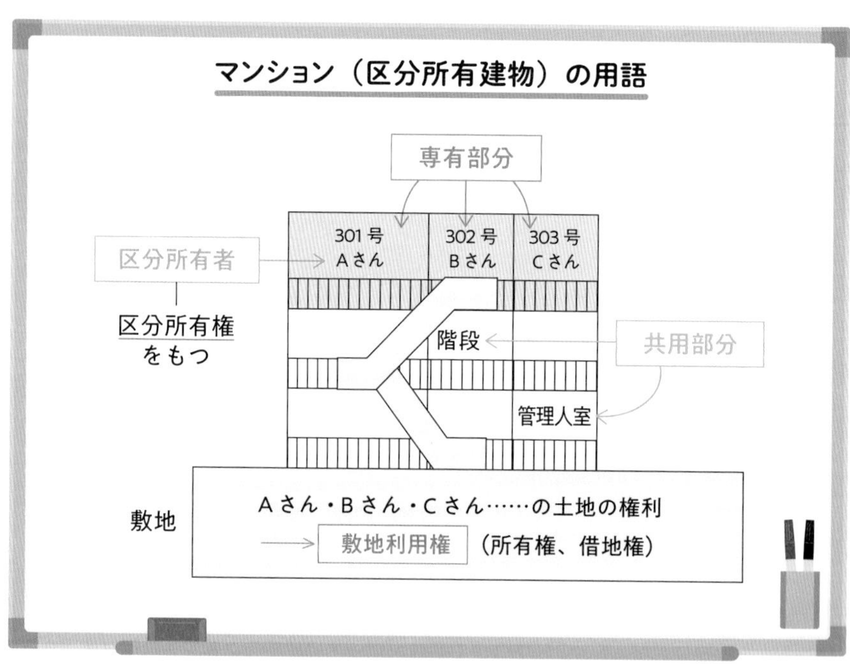

(1) 専有部分と共用部分

専有部分	区分所有権の対象となる建物の部分　(例) 301号室
共用部分	専有部分以外の建物の部分。共用部分は区分所有者全員の共有となり、各区分所有者の共有持分は、原則として専有部分の床面積の割合による (例) 階段、廊下、管理人室など ➡原則として、共用部分の共有持分は、専有部分と分離処分できない

(2) 敷地利用権

専有部分を所有するために不可欠な建物の敷地に関する権利（所有権、借地権）のことです。原則として、敷地利用権は、専有部分と分離処分できません。

「分離処分できない」とは、たとえば、マンションの部屋を売却するときに一緒に売却しなければならないということです。

2 集会の決議

学科重要度 ★★★

管理者（管理組合の理事長など）は、少なくとも毎年1回集会を招集しなければなりません。集会では、**区分所有者**（頭数）および**議決権**（専有部分の床面積の割合）により、決議を行います。

決議要件	決議内容
各過半数の賛成	一般的事項
各4分の3以上の賛成	規約の設定・変更・廃止、管理組合法人の設立など
各5分の4以上の賛成	建替え決議 ➡建物を取り壊し、その敷地上に新たに建物を建築する旨の決議

建物の区分所有等に関する法律(区分所有法)の規定によれば、区分所有者の集会において、区分所有者および議決権の各4分の3以上の多数で、建物を取り壊し、その敷地上に新たに建物を建築する旨の決議をすることができる。（過去問題）

✕➡建替え決議は、5分の4以上の多数で決議することができる。

❻農地法

Point
1 **農地法とは** ～農地を確保するために処分を制限する法律
2 **農地の処分制限** ～農地は自由に売買できない

1 農地法とは

学科重要度 ★

農地法は、農地を確保するために、農地の処分を制限するための法律です。農地とは、現に、耕作の目的に供される土地（農作物を作っている土地）のことをいいます。

2 農地の処分制限

学科重要度 ★★

農地を売買したり、農地を農地以外の用途に**転用**する（＝農地をつぶしてしまう）場合には、原則として**許可**が必要です。

	内　容	許可をする者	市街化区域内の特例
権利移動（3条）	農地を農地として売買など	農業委員会	適用なし
転用（4条）	農地を農地以外に自分で転用	都道府県知事等	市街化区域内の農地は、農業委員会へ届出をすれば、許可不要
転用目的の権利移動（5条）	（3条＋4条） 農地を農地以外に転用する目的で売買		

講師のポイント講義

市街化区域（→p155）は、建物をどんどん建てていく地域ですから、農地をつぶしても（＝転用）あまり困らないと考えて、特例により、許可はいらず、届出だけでOK!としているのです。

❼不動産の取得・保有と税金

Point
1 **不動産と税金の概要** ～概要をイメージしてから学習しよう
2 **不動産の取得と税金** ～**不動産取得税**が重要！
3 **不動産の保有と税金** ～**固定資産税**の特例が重要！

1 不動産と税金の概要

学科重要度 ★

①不動産を**取得**したとき、②**保有**しているとき、③**賃貸**しているとき、④**売却**したときには、次のように税金が課されます。

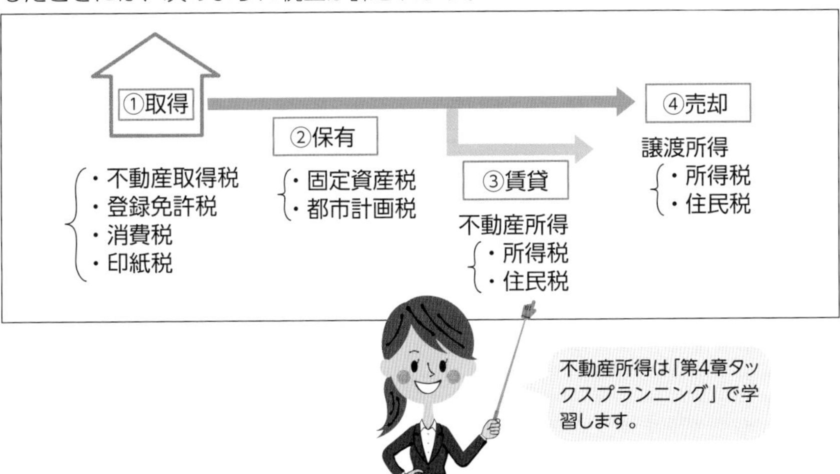

2 不動産の取得と税金

学科重要度 ★★★

I 不動産取得税 重要

不動産取得税は、不動産を取得した人に対して、都道府県が課税します。

課税される	売買、贈与、交換、建築（新築、増築、改築）による取得
課税されない	相続による取得

不動産取得税の課税標準の特例

一定の要件を満たす新築住宅は、課税標準（固定資産税評価額）から、原則として最高**1,200万円を控除**できます。

Ⅱ 登録免許税

登録免許税は、不動産を取得したときの**所有権移転登記**などを申請する場合に、**国が課税**します。ただし、表題部の「表示に関する登記」には課税されません。

Ⅲ 消費税

消費税は、原則として**建物**の取引は課税対象となりますが、**土地**の取引は**非課税**となります。

課税される	建物の譲渡、建物（住宅を除く）の貸付
課税されない	土地の譲渡、土地の貸付（貸付期間１ヵ月未満を除く）、住宅の貸付（貸付期間１ヵ月未満を除く）

Ⅳ 印紙税

印紙税の課税対象となる文書（**売買契約書**など）を作成した場合に、国が課税します。契約書に印紙を貼付・消印することにより納付します。

➡売買契約書を２通作成し、売主と買主の双方が保管する場合、２通とも課税されます。

3 不動産の保有と税金

学科重要度 ★★

Ⅰ 固定資産税

固定資産税は、毎年**１月１日現在**における土地・家屋の所有者（**固定資産課税台帳**に登録されている者）に対して、市町村が課税します。

固定資産税の納税義務者

年の中途に土地・家屋を売却した場合でも、その年度分の固定資産税の全額の納付義務があります。ただし、実務上、売買契約により、売主と買主とで所有期間で按分して精算することが一般的です。

（1）固定資産税の税額

固定資産税の税額＝固定資産税評価額×1.4％（標準税率）
➡市町村は条例で異なる税率を定めることができます

（2）住宅用地に対する固定資産税の課税標準の特例 重要

住宅用地（賃貸用も適用可）の課税標準（固定資産税評価額）は、次のように特例措置があり、税負担が軽減されています。

区分	課税標準
小規模住宅用地 （住宅一戸につき200㎡以下の部分）	固定資産税評価額の6分の1
一般住宅用地 （住宅一戸につき200㎡超の部分）	固定資産税評価額の3分の1

Ⅱ 都市計画税

都市計画税は、原則として、**市街化区域内**に所在する土地・家屋の所有者に対して、市町村が課税します。

（1）都市計画税の税額

都市計画税の税額＝固定資産税評価額×0.3％（制限税率）
➡市町村は条例で0.3％の範囲内で税率を定めることができます

（2）住宅用地に対する都市計画税の課税標準の特例

住宅用地（賃貸用も適用可）の課税標準（固定資産税評価額）は、次のように特例措置があり、税負担が軽減されています。

区分	課税標準
小規模住宅用地 （住宅一戸につき200㎡以下の部分）	固定資産税評価額の3分の1
一般住宅用地 （住宅一戸につき200㎡超の部分）	固定資産税評価額の3分の2

❽不動産の譲渡と税金

Point
1 **土地・建物等の譲渡所得** 重要 ～区分や税率を覚えよう
2 **居住用財産の譲渡の特例** 重要 ～特別控除が特に重要！

1 土地・建物等の譲渡所得

学科重要度 ★★★

Ⅰ 土地・建物等の譲渡所得

土地・建物等の譲渡所得は、次の算式で計算され、**分離課税**の対象となります。

譲渡所得の金額＝譲渡収入金額－（取得費＋譲渡費用）

取得費が不明の場合、「**譲渡収入金額×5%**」の**概算取得費**を使用できます。
➡実際の取得費が5%未満の場合も、概算取得費を使用できます。

仲介手数料や建物の取壊し費用など、資産を譲渡するために直接要した費用です。
➡資産を保有中の固定資産税などは含まれません。

正しく直そう！

個人が土地を譲渡したことによる譲渡所得の金額の計算において、譲渡した土地の取得費が不明である場合、譲渡収入金額の10％相当額を取得費とすることができる。（過去問題）

×➡譲渡収入金額の5%相当額を取得費とすることができる（概算取得費）。

Ⅱ 短期譲渡所得と長期譲渡所得 重要

土地・建物等の譲渡所得は、**譲渡の年の1月1日における所有期間**によって長期譲渡所得と短期譲渡所得に区分され、それぞれ適用される税率が異なります。

譲渡の年の1月1日における所有期間	区分	税率
5年超	長期譲渡所得	20.315％（所得税15.315％、住民税５％）
5年以下	短期譲渡所得	39.63％（所得税30.63％、住民税９％）

2 居住用財産の譲渡の特例

学科重要度 ★★★

マイホーム（居住用財産）を売って利益が生じた場合、税負担が過大とならないよう、次のⅠ～Ⅲの３つの特例があります。損失が生じた場合にも、Ⅳの特例があります。

Ⅰ 居住用財産の3,000万円特別控除の特例 重要

居住用財産を譲渡した場合、**所有期間の長短に関係なく**、譲渡所得の金額から**最高3,000万円**を控除することができます。なお、所得要件もありません。

■ **特例を受けるための適用要件**

①自己が居住する家屋、家屋および敷地を譲渡すること

➡居住しなくなった日から**3年目**の年の**12月31日**までに譲渡すること

②**配偶者**、**直系血族**、生計を一にする親族への譲渡ではないこと

③譲渡した年の**前年・前々年**に、この特例の適用を受けていないこと

④確定申告をすること

「居住用財産を譲渡した場合の3,000万円の特別控除の特例」の適用を受けるためには、譲渡の年の1月1日現在において、譲渡資産の所有期間が5年以上でなければならない。（過去問題）

✕➡この特例は、所有期間の長短に関係なく、適用を受けることができる。

Ⅱ 居住用財産の軽減税率の特例

譲渡の年の１月１日における所有期間が**10年超**の居住用財産を譲渡した場合、**3,000万円特別控除**を控除した**後**の金額に対して、次の**軽減税率**を適用することができます。

課税長期譲渡所得金額	税率
6,000万円以下の部分（軽減税率）	14.21%（所得税10.21%、住民税４%）
6,000万円超の部分	20.315%（所得税15.315%、住民税５%）

*6,000万円超の部分は、長期譲渡所得の原則の税率です（特例の適用はありません）。

第5章 不動産 ― ❽不動産の譲渡と税金

Ⅲ 特定の居住用財産の買換え特例

譲渡の年の1月1日における所有期間が**10年超**の居住用財産を譲渡して、代わりの居住用財産を買い換えた場合は、譲渡益に対する課税を将来に繰り延べることができます。➡非課税となるわけではありません。

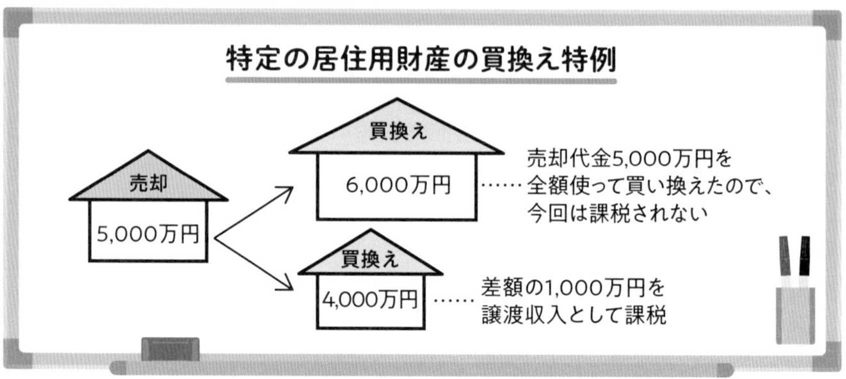
特定の居住用財産の買換え特例
売却
5,000万円
買換え
6,000万円
売却代金5,000万円を
全額使って買い換えたので、
今回は課税されない
買換え
4,000万円
差額の1,000万円を
譲渡収入として課税

■ **特例を受けるための適用要件**

①売却代金が**1億円以下**であること

②**居住期間**が10年以上で、かつ、**譲渡の年の**1月1日における**所有期間**が10年超であること

③買い換える建物の床面積が50㎡以上で、買い換える土地の面積が500㎡以下であること

④「Ⅰ 3,000万円特別控除の特例」「Ⅱ 軽減税率の特例」とは**併用できない**。

Ⅳ 居住用財産の譲渡損失の損益通算および繰越控除の特例

譲渡の年の1月1日における所有期間が**5年超**の居住用財産を譲渡して**譲渡損失**が生じた場合、一定の要件のもと、他の所得の金額と**損益通算**ができ、通算しきれない金額は翌年以後**3年間**、**繰越控除**をすることができます。

Step-UP

相続空き家を譲渡した場合の特別控除の特例

被相続人（亡くなった人）の居住用家屋（**空き家**）を相続した人が、その空き家を**1億円以下**で譲渡した場合、一定の要件を満たせば、譲渡所得の金額から最高**3,000万円**を控除することができます。この特例の適用を受けるためには、相続の開始があった日から**3年目の年の12月31日までに譲渡**しなければなりません。また、確定申告が必要です。

⑨不動産投資

Point

1 **不動産投資** 計算 ～**純利回り**の計算問題をマスターしよう

2 **土地の有効活用** ～特に**等価交換方式**が重要！

1 不動産投資

学科重要度 ★★

賃貸用不動産へ投資する場合の収益性を評価する**利回り**には、年間賃料収入をもとに計算する**単純利回り**と、年間賃料収入から費用を差し引いた**純収益**をもとに計算する**純利回り**（NOI利回り）があります。

公式 単純利回り(%) $= \dfrac{\text{年間賃料収入}}{\text{投資総額}} \times 100$

公式 純利回り(NOI利回り)(%) $= \dfrac{\textbf{純収益}\text{(年間収入－年間費用)}}{\text{投資総額}} \times 100$

計算問題にチャレンジ！

問題 賃貸用不動産に投資した内容が次のとおりである場合、**純利回り（NOI利回り）**は？

投資総額	年間賃料収入	年間費用
5,000万円	600万円	200万円

解答 純利回り（NOI利回り） $= \dfrac{\text{600万円}-\text{200万円}}{\text{5,000万円}} \times 100 = 8\%$

2 土地の有効活用 実技個人

学科重要度 ★★

土地所有者が土地を有効活用する方法には、「①建物を建てて賃貸収入を得る」「②一定期間土地を貸して地代収入を得る」方法があります。①には次のⅠ～Ⅳの方式があり、②にはⅤの方式があります。

Ⅰ 自己建設方式

土地所有者が、有効活用に関する一切の業務を行います。収益性は高いですが、業務負担は重くなります。建設資金の調達は、土地所有者が行います。

Ⅱ 事業受託方式

デベロッパー（不動産開発業者）が有効活用に関する一切の業務を行います。建設資金の調達は、土地所有者が行います。

Ⅲ 建設協力金方式

土地所有者が、入居予定のテナントから建設資金を借りてテナントの要望に沿った建物を建設し、その建物をテナントに賃貸します。借入金は、賃貸料から返済していきます。土地所有者は、建設資金を負担する必要がありません。

Ⅳ 等価交換方式 重要

土地所有者は土地を拠出し、デベロッパーは建物の建設資金を負担して、それぞれが出資割合に応じた土地・建物を取得します。土地所有者は、**建設資金を負担することなく建物の一部を取得する**ことができます。

Ⅴ 定期借地権方式

土地所有者は土地を一定期間賃貸し、借地人が建物を建設します。土地所有者は、一定期間地代収入を得ることができます。契約期間満了後には土地が返還されます。

第6章

相続・事業承継

出題ポイント

学科試験

法定相続分の問題は、ほぼ毎回出題されます。他に遺言、小規模宅地等の評価減の特例などが頻出です。

実技試験

実技保険	相続の事例で、相続税の総額の計算が頻出です。
実技個人	相続か贈与の事例問題が出題されます。
実技資産	毎回、法定相続分の問題が出題されます。

学科試験の重要度

❶相続と法律

Point

1 相続人 ～民法によって相続人となる人が決められている
2 法定相続分 重要 ～**相続分の目安**を民法が定めている
3 相続の承認と放棄 ～手続をすれば遺産を**放棄**できる
4 遺産分割 ～遺産分割の方法がいくつかある
5 遺言 重要 ～特に**自筆証書遺言**と**公正証書遺言**が重要！
6 遺留分 重要 計算 ～原則として遺産の**2分の1**が遺留分となる
7 成年後見制度 ～法定後見制度と任意後見制度がある

1 相続人

学科重要度 ★★☆

相続とは、個人が死亡した場合に、その人の財産や債務を一定の人に承継させることです。死亡した人のことを**被相続人**といい、承継する人のことを**相続人**といいます。

I 相続人の種類と順位

だれが相続人となるかは、**民法**で定められています。被相続人の**配偶者**は常に相続人となり、血族相続人は①**子**、②**直系尊属**、③**兄弟姉妹**の**優先順位**で相続人となります。

（1）相続人の種類と順位

配偶者		・法律上の婚姻関係にある者で、内縁関係は含まれない
第一順位 ↓	子	・被相続人の子は相続人になる ・実子、養子、嫡出子（ちゃくしゅつし）、非嫡出子（ひちゃくしゅつし）を問わず、順位に差はない ➡法律上の婚姻関係にない男女間に生まれた子
第二順位 ↓	直系尊属	・被相続人に子がいない場合、相続人になる ・親等の近い直系尊属が優先する（父母と祖父母がいる場合は父母だけが相続人になる）
第三順位	兄弟姉妹	・被相続人に子も直系尊属もいない場合、相続人になる

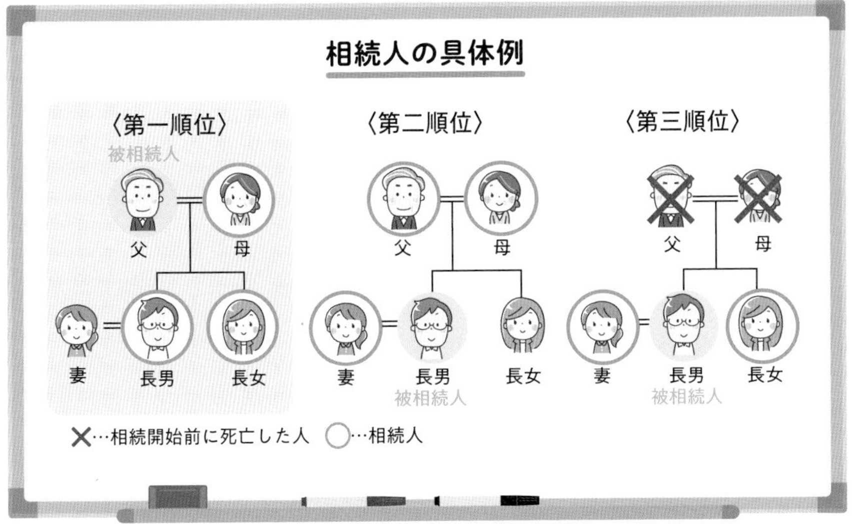

■ 普通養子と特別養子

普通養子	実親との親族関係は存続する。実親・養親の両方の相続人となる
特別養子	実親との親族関係は終了する。養親の相続人となる

（2）相続人となれない人

次の①～④のいずれかに該当した場合、相続人となることはできません。

①**相続開始以前に死亡している人**　➡親より先に死亡した子は相続人ではない
②**相続人の欠格事由に該当する人**　➡親を殺害した子など
③**推定相続人（相続が開始した場合に相続人となるべき人）から廃除（はいじょ）された人**　➡親を虐待（ぎゃくたい）している子の相続権を、親が生前に剥奪（はくだつ）する場合など
④**相続を放棄した人**（→ p 179）

Ⅱ 代襲（だいしゅう）相続

相続人となるべき人が、**相続開始以前に死亡**しているときや、**欠格・廃除**により相続権を失っている場合（Ⅰ（2）①②③）、その人の**子**が代わって、その人が受けるはずであった相続分を相続することを、**代襲相続**といいます。

相続を**放棄**した場合（Ⅰ（2）④）、その人の子には**代襲相続は適用されません。**

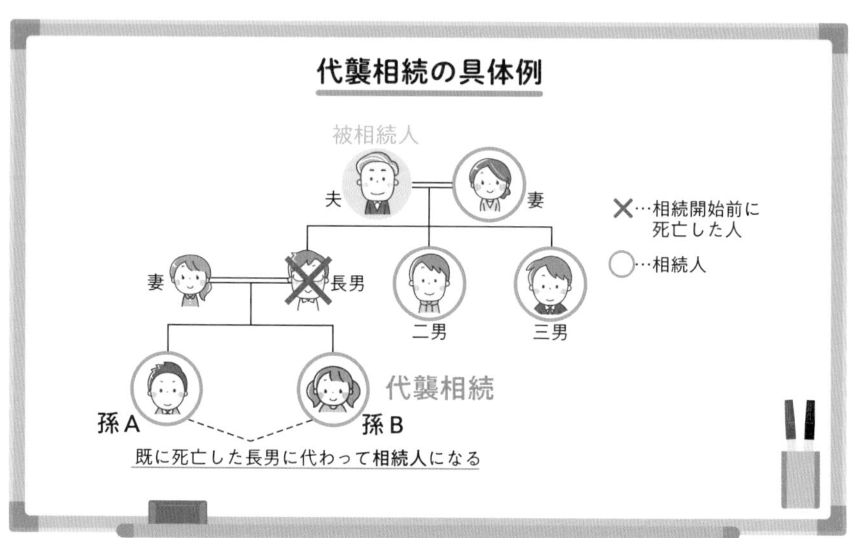

再代襲

・代襲相続するはずの孫が既に死亡している場合、その子（ひ孫）に再代襲します。
・相続人となるはずの兄弟姉妹が既に死亡している場合、その子である甥（おい）・姪（めい）に代襲しますが、甥・姪も死亡している場合、再代襲はしません。

2 法定相続分

学科重要度 ★★★

I 法定相続分 重要

民法によって、相続分（相続人の相続すべき割合）の目安が示されており、これを**法定相続分**といいます。

相続人の組合せ	法定相続分	
配偶者と子	配偶者 $\frac{1}{2}$	子 $\frac{1}{2}$
配偶者と直系尊属	配偶者 $\frac{2}{3}$	直系尊属 $\frac{1}{3}$
配偶者と兄弟姉妹	配偶者 $\frac{3}{4}$	兄弟姉妹 $\frac{1}{4}$

「子」「同じ親等の直系尊属」「兄弟姉妹」が複数人いる場合の法定相続分は、人数で均等に分割します（**実子・養子・嫡出子・非嫡出子**の法定相続分に差はありません）。ただし、父母の一方が同じである兄弟姉妹（半血兄弟姉妹）の法定相続分は、父母の両方が同じである兄弟姉妹（全血兄弟姉妹）の法定相続分の2分の1となります。

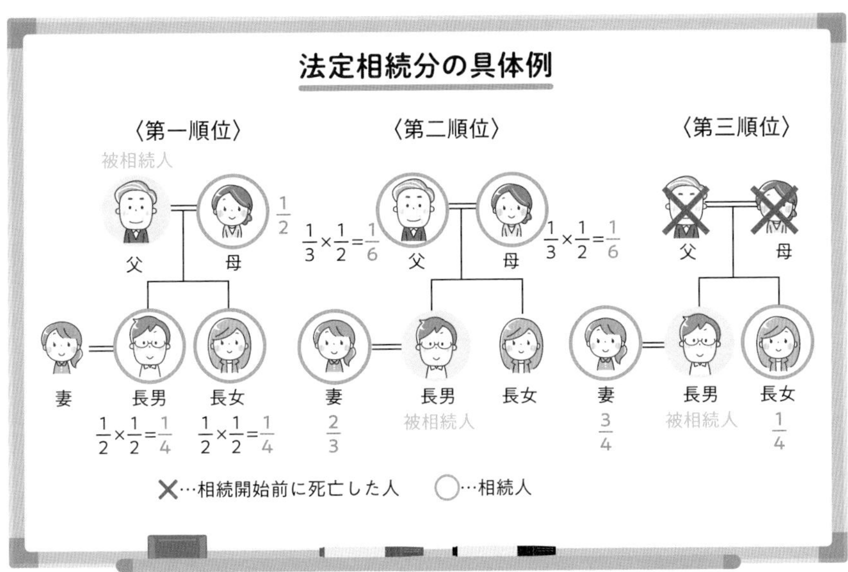

民法において、養子の相続分は実子の相続分の2分の1と定められている。
（過去問題）

✕➡実子と養子の相続分に差はない。

Ⅱ 代襲相続分

代襲相続人の法定相続分（代襲相続分）は、相続人となるべきであった人の法定相続分をそのまま引き継ぎます。

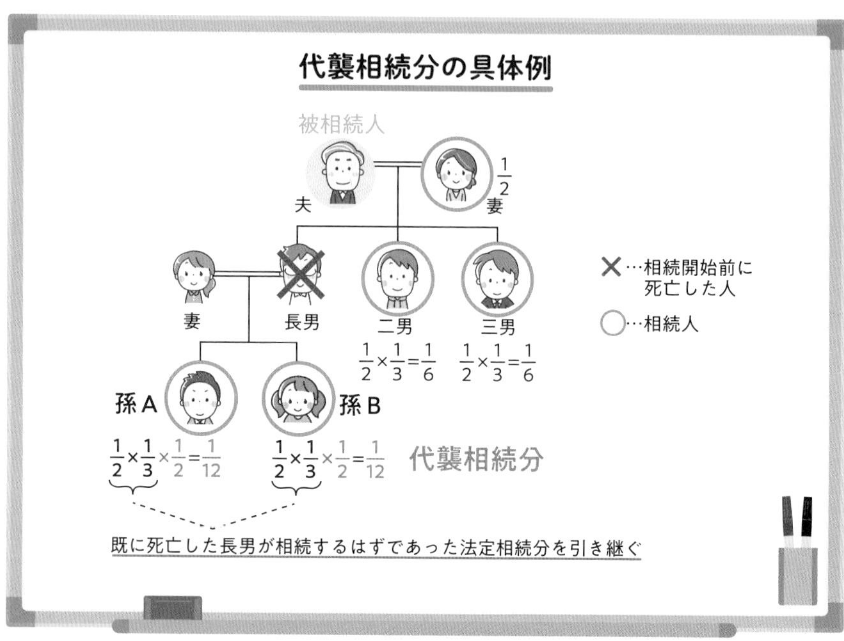

Ⅲ 指定相続分

遺言によって、相続人の相続分を自由に定めることができます。これを**指定相続分**といい、法定相続分に優先します。

3 相続の承認と放棄

学科重要度 ★☆☆

相続人は、被相続人の相続財産を承継するかどうか自由に選択できます。承継することを**相続の承認**、承継を拒否することを**相続の放棄**といいます。

相続人は、相続の開始があったことを知った時から**3ヵ月以内**に、**単純承認**、**限定承認**、**相続の放棄**のいずれかをしなければなりません。

<table>
<tr><td rowspan="2">相続の承認</td><td>単純承認</td><td>・被相続人の権利義務をすべて無限に承継すること
・相続で得た財産（プラスの財産）よりも債務（マイナスの財産）のほうが大きい場合には、相続人が返済しなければならない
手続
・相続の開始があったことを知った時から3ヵ月以内に限定承認や相続の放棄をしなかった場合は、単純承認をしたものとみなす</td></tr>
<tr><td>限定承認</td><td>・相続で得た財産（プラスの財産）の限度においてのみ債務（マイナスの財産）を承継すること
・残った債務を相続人が返済する必要はない
手続
・相続の開始があったことを知った時から3ヵ月以内に、相続人全員が共同して家庭裁判所に申述しなければならない</td></tr>
<tr><td colspan="2">相続の放棄</td><td>・債務を含めた相続財産のすべての承継を拒否すること
・放棄をした人は、初めから相続人とならなかったものとみなす
手続
・相続の開始があったことを知った時から3ヵ月以内に家庭裁判所に申述しなければならないが、限定承認と異なり、単独で行うことができる</td></tr>
</table>

4 遺産分割

学科重要度 ★☆☆

相続人全員の協議により相続財産を分割する**協議分割**では、**必ずしも法定相続分に従う必要はありません**。また、相続人間の合意があれば、遺言による指定相続分と異なった分割を行うこともできます。

相続人間で遺産分割が成立した場合、**「遺産分割協議書」**を作成します。

預貯金の払戻し制度

遺産分割前であっても、家庭裁判所の判断を経ずに被相続人の預貯金のうち一定額（1金融機関当たり**上限150万円**）を払い戻しできます。相続人が単独で払い戻しできる額は、「**預貯金の額×1/3×法定相続分**」となります。

配偶者居住権

配偶者が相続開始時に被相続人が所有する建物に居住していた場合、その配偶者は、遺産分割等において**配偶者居住権**を取得することにより、**終身**（または一定期間）、その建物に**無償**で居住することができます。

分割の方法

現物分割	遺産を現物のまま分割する （例）マイホームは長男が、アパートは二男が取得する
代償分割	相続人のうち１人または数人が相続財産の現物を取得し、その相続人が、他の相続人に対して債務を負担する （例）唯一の相続財産であるマイホーム（5,000万円）を長男が取得し、その代わりに長男が二男に現金2,500万円を交付する
換価分割	相続人のうち１人または数人が取得した相続財産を売却して金銭に換価し、その売却代金を分割する （例）唯一の相続財産であるマイホームを売却し、売却代金5,000万円を、長男と二男で分割して2,500万円ずつ取得する

5 遺言

学科重要度 ★★★

I 遺言と遺贈

遺言により、死亡した人の財産を移転させることを**遺贈**といいます。遺言を行った人を**遺言者**（または遺贈者）といい、遺言により財産を取得する人を**受遺者**といいます。遺言の効力は、遺言者の死亡時から発生します。

II 遺言の方式 重要

遺言は、**民法**に規定された方式に従って作成しなければならず、民法の方式に反した遺言は**無効**となります。普通方式の遺言には、**自筆証書遺言**、**公正証書遺言**、**秘密証書遺言**の**３種類**があります。

	自筆証書遺言	公正証書遺言	秘密証書遺言
概　要	遺言者が、全文・日付・氏名を自書し、押印して作成 ➡パソコンやワープロによる作成は無効 ➡財産目録は、自書によらなくても有効	遺言者が、遺言の内容を公証役場の公証人に口述し、公証人がそれを筆記して作成 ➡公証役場に保管されるため、紛失の危険性がない	遺言者が署名押印して封印した遺言書を、証人立会いのもと、公証人に提出して自分の遺言書であることの証明を受ける ➡パソコンやワープロによる作成も有効
作成時の証人*1の立会い	不要	2人以上	2人以上
相続開始後の家庭裁判所の検認	原則、必要*2	不要	必要

*1　遺言者の推定相続人（相続人となるべき人）や受遺者は証人になることはできません。
*2　自筆証書遺言書保管制度を利用して法務局（遺言書保管所）に保管されていた自筆証書遺言は、検認は不要です。

■ 相続開始後の家庭裁判所の検認

遺言者の相続開始後に、**自筆証書遺言**および**秘密証書遺言**の保管者や見つけた人は、遅滞なく、**家庭裁判所**に提出して**検認を請求**しなければなりません。検認とは、遺言書の偽造などを防止するための手続であり、遺言の有効・無効を判断するものではありません。

正しく直そう！

公正証書遺言を作成した公証人は遺言者の相続の開始を知った後、遅滞なくその遺言書を家庭裁判所に提出して検認を請求しなければならない。（過去問題）

✕➡公正証書遺言は、遺言者の相続開始後、検認は不要である。

6 遺留分（いりゅうぶん）

学科重要度 ★★★

遺言の内容にかかわらず、一定の相続人は、必ず相続財産の一定割合（**遺留分**といいます）を確保することができます。遺留分は、遺族の生活保障の観点から設けられた制度です。

Ⅰ 遺留分権利者と遺留分の割合 重要 計算

（1）遺留分権利者

遺留分をもっている相続人のことを**遺留分権利者**といいます。遺留分権利者は、**兄弟姉妹以外の相続人**（配偶者、子、直系尊属）です。

（2）遺留分の割合

遺留分権利者	遺留分の割合
相続人が直系尊属のみ	相続財産の $\frac{1}{3}$
上記以外	相続財産の $\frac{1}{2}$

計算問題にチャレンジ！

問題 遺留分算定の基礎となる財産が２億円で、相続人が配偶者、子１人の合計２人である場合、**配偶者の遺留分の金額**は？

解答 配偶者の遺留分の割合＝遺留分の割合（全体）× 配偶者の法定相続分

配偶者の遺留分の金額＝２億円 $\times \frac{1}{2} \times \frac{1}{2}$ ＝5,000万円

遺留分権利者は、被相続人の配偶者と直系卑属に限られる。（過去問題）

×➡遺留分権利者は、被相続人の配偶者、子（直系卑属）、直系尊属に限られる。

Ⅱ 遺留分侵害額請求権

遺留分を侵害するような遺言であっても当然には無効となりません。遺留分を請求する権利（**遺留分侵害額請求権**といいます）は、遺留分権利者が、相続の開始および遺留分を侵害する贈与・遺贈があったことを知った時から**１年間**行使しないときは、**時効によって消滅**します。

7 成年後見制度

学科重要度 ★☆☆

成年後見制度とは、認知症、精神障害などによって判断能力が十分でない人を、決められた援助者が守ることによって、法律的に支援する制度です。

成年後見制度には**法定後見制度**（**後見、保佐、補助の3種類**）と**任意後見制度**があります。

■ 成年後見制度の全体像

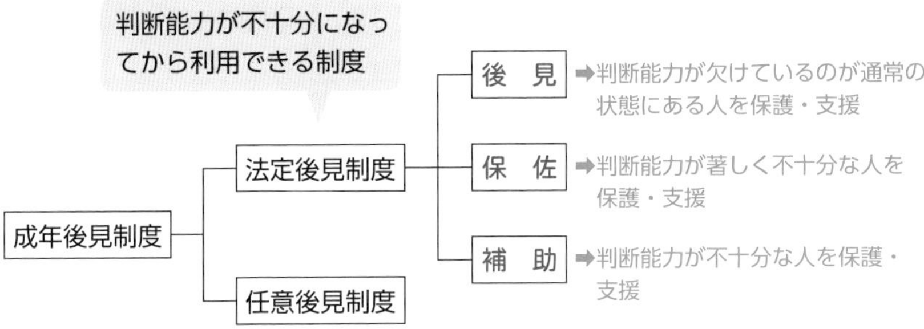

I 法定後見制度

本人の判断能力に応じて、**後見、保佐、補助の3種類**の制度があり、**家庭裁判所**により選ばれる援助者を、それぞれ、「成年後見人」「保佐人」「補助人」といいます。

II 任意後見制度

将来、判断能力が不十分となった場合に備えて、「だれにどのような支援をしてもらうか」をあらかじめ契約で定めておく制度です。援助者である**任意後見人（任意後見受任者）**になるために特別な資格（**弁護士資格**や**司法書士資格等**）は**不要**であるため、ファイナンシャル・プランナーがなることもできます。

❷相続税

Point

1. **相続税の計算手順** ～手順を理解して学習を進めよう
2. **相続税の課税価格の計算** 重要 ～財産をプラスマイナスする
3. **相続税の総額の計算** 重要 計算 ～計算方法を理解しよう
4. **２割加算・税額控除** ～税額にプラスマイナスする
5. **相続税の申告と納付** ～原則、10ヵ月以内に金銭一時納付

1 相続税の計算手順

学科重要度 ★☆☆

相続税は、次のように、ステップ1→ステップ2→ステップ3の手順により計算します。

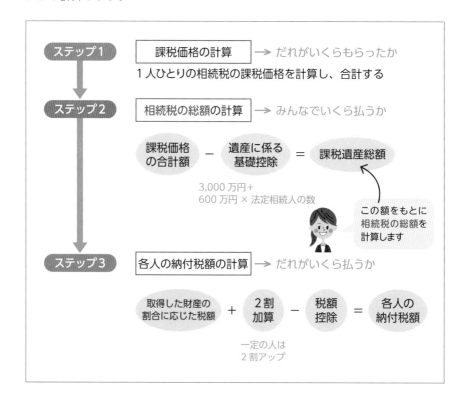

ステップ1

課税価格の計算 → だれがいくらもらったか

１人ひとりの相続税の課税価格を計算し、合計する

ステップ2

相続税の総額の計算 → みんなでいくら払うか

課税価格の合計額 － 遺産に係る基礎控除 ＝ 課税遺産総額

（遺産に係る基礎控除：3,000 万円＋600 万円 × 法定相続人の数）

この額をもとに相続税の総額を計算します

ステップ3

各人の納付税額の計算 → だれがいくら払うか

取得した財産の割合に応じた税額 ＋ ２割加算 － 税額控除 ＝ 各人の納付税額

（２割加算：一定の人は２割アップ）

2 相続税の課税価格の計算

学科重要度 ★★★

ステップ1 ➡だれがいくらもらったか

1人ひとりの相続税の課税価格を次のように計算し、全員の課税価格を合計したものを**「課税価格の合計額」**といいます。

■ 3人（Aさん、Bさん、Cさん）が財産を取得した例

本来の相続財産 ＋ みなし相続財産 － 非課税財産 － 債務・葬式費用 ＋ 一定の贈与財産 ＝ 各人の課税価格

Aさんの課税価格 ＋ Bさんの課税価格 ＋ Cさんの課税価格 ＝ **課税価格の合計額**

I 本来の相続財産

被相続人の財産のうち、金銭に見積ることができる経済的価値のあるもの（プラスの財産）すべてです。

II みなし相続財産

被相続人から相続・遺贈により取得したものではなくても、相続・遺贈により取得したとみなして**相続税の課税対象**となる財産です。

具体例

①**生命保険金（死亡保険金）**➡被相続人が保険料を負担したもの

②**退職手当金（死亡退職金）**➡被相続人の死亡後**3年以内**に支給が確定したもの

講師のポイント講義

死亡保険金は受取人の固有の財産、死亡退職金は受け取る遺族の固有の財産です。なお、相続を放棄した人は、本来の相続財産は放棄しているので受け取れませんが、みなし相続財産である死亡保険金や死亡退職金は受け取れます。

Ⅲ 非課税財産 重要

本来の相続財産やみなし相続財産であっても、相続税の課税対象から除かれているものを**非課税財産**といいます。

具体例

①被相続人が生前に購入した**墓地、墓石、仏壇、仏具**

②**相続人**が受け取った**生命保険金**（**死亡保険金**）のうち、次の金額

> **公式** **生命保険金の非課税限度額＝500万円×法定相続人の数**

相続を放棄した人は死亡保険金を受け取れますが、民法上の相続人ではないため、非課税限度額の適用はありません。

③**相続人**が受け取った**退職手当金**（**死亡退職金**）のうち、次の金額

> **公式** **退職手当金の非課税限度額＝500万円×法定相続人の数**

④**弔慰金**（ちょういきん）のうち、次の金額

➡被相続人の勤務先が、遺族を慰めるために贈るもの

> ・**業務上の死亡…被相続人の死亡当時の普通給与の3年分**
> ・**業務外の死亡…被相続人の死亡当時の普通給与の6ヵ月分**

「法定相続人の数」の数え方 重要

生命保険金の非課税限度額など、相続税を計算するうえでの**「法定相続人の数」**は、民法の相続人とは、次の点が異なっています。

❶**相続の放棄**があった場合には、**放棄がなかったもの**とします。

➡つまり、放棄をした人は数に含めます。

❷被相続人に**普通養子**がいる場合、「法定相続人の数」に算入する**養子の数は次の人数に限定**されます。

> ・被相続人に**実子がいる**場合………1人まで
> ・被相続人に**実子がいない**場合……2人まで

■ 民法上の相続人と「法定相続人の数」の違いのまとめ

区分	民法上の相続人	相続税の計算上の法定相続人の数
相続を放棄した人	×	○
普通養子	全員○	1人または2人

相続税額の計算上、死亡保険金の非課税金額の規定による非課税限度額は、「600万円×法定相続人の数」の算式により算出される。（過去問題）

×➡「500万円×法定相続人の数」の算式により算出される。

計算問題にチャレンジ！

問題 被相続人Aさんが死亡したことにより、相続人である妻と長男が、次のように死亡保険金を受け取った場合、妻と長男それぞれの非課税金額は？

被相続人A ＝ 妻
長男

	契約者	被保険者	受取人	死亡保険金
定期保険	A	A	妻	3,000万円
終身保険	A	A	長男	2,000万円

解答

非課税限度額（全体）＝500万円×法定相続人の数（2人）＝1,000万円

$$妻の非課税金額＝1,000万円×\frac{3,000万円}{3,000万円+2,000万円}＝600万円$$

$$長男の非課税金額＝1,000万円×\frac{2,000万円}{3,000万円+2,000万円}＝400万円$$

妻は死亡保険金の合計5,000万円のうち5分の3の3,000万円を受け取っているので、非課税金額も、非課税限度額（全体）1,000万円のうち5分の3の600万円を利用できるのです。

Ⅳ 債務控除（債務・葬式費用）重要

相続人が負担した**債務**（マイナスの財産）の金額と**葬式費用**は、相続財産から**債務控除**として差し引くことができます。

	債務控除の対象	債務控除の対象外
債務	・銀行等からの借入金 ・被相続人の未払い税金 （固定資産税、所得税など）	・生前に購入した墓地等の未払い代金 ・団体信用生命保険がついた借入金
葬式費用	・通夜の費用 ・本葬の費用　など	・香典返戻費用 ・法要費用（初七日、四十九日、法事） ・死亡後に購入した墓地等の購入代金

相続税の課税価格の計算上、相続人が負担した葬式の際の香典返戻費用は、債務控除（相続財産の価額から控除することができる債務および葬式費用）の対象となる。（過去問題）

×➡香典返戻費用は、債務控除の対象とならない。

Ⅴ 一定の贈与財産

（1）被相続人から相続開始前７年以内*に暦年贈与された贈与財産

相続・遺贈により財産を取得した人が、被相続人から相続開始前**７年以内***に暦年贈与された贈与財産は、**贈与時の価額**で相続税の課税価格に加算されます。

*2024年以後の贈与財産から7年以内になりました（従来は3年）。

（2）被相続人から相続時精算課税の適用を受けた贈与財産

被相続人（特定贈与者）から**相続時精算課税**（→p200）の適用を受けて贈与された贈与財産は、**贈与の時期にかかわらず**、すべて*、**贈与時の価額**で相続税の課税価格に加算されます。

*2024年以後の贈与財産は、毎年の基礎控除額（110万円）までは加算しません。

贈与財産に対して支払った贈与税額は、ステップ3で、相続税額から差し引くので、二重課税にはなりません。

3 相続税の総額の計算

学科重要度 ★★★

ステップ2 ➡みんなでいくら払うか

課税価格の合計額から、**遺産に係る基礎控除額**を差し引いた額（**課税遺産総額**）に対して、相続税が課されます。

課税価格の合計額が、遺産に係る基礎控除額よりも少ない場合には、相続税はかかりません。

I 遺産に係る基礎控除 重要 計算 実技保険 実技個人

公式 **遺産に係る基礎控除額＝3,000万円＋600万円×法定相続人の数**

➡人数の数え方はｐ186と同じ

計算問題にチャレンジ！

問題 次のケースで、**遺産に係る基礎控除額**は？　養子Eと養子Fは普通養子である。

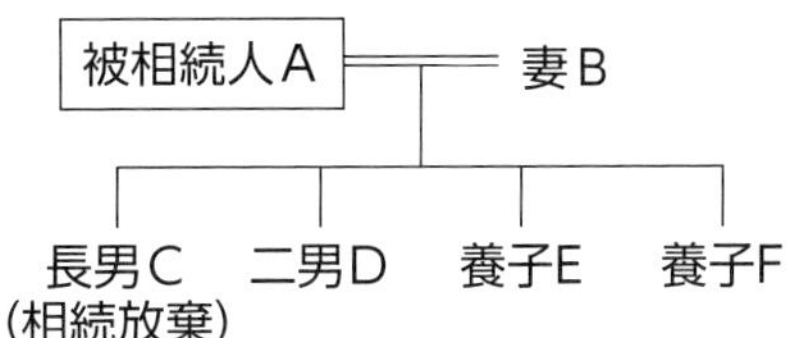

解答 法定相続人の数＝４人（B、C、D、EとFのうち１人）

➡相続を放棄したCは数に含め、実子がいるので、養子は何人いても1人と数えます（→p186）。

遺産に係る基礎控除額＝3,000万円＋600万円×４人＝5,400万円

Ⅱ 相続税の総額 重要 計算 実技保険 実技個人

遺産に係る基礎控除額を差し引いた後の**課税遺産総額**を、「法定相続人の数」に算入した**法定相続人**が、**法定相続分どおりに取得した**と仮定した取得金額に対して、下記の速算表を使って税額を計算し、それを**合計**した金額が**「相続税の総額」**です。

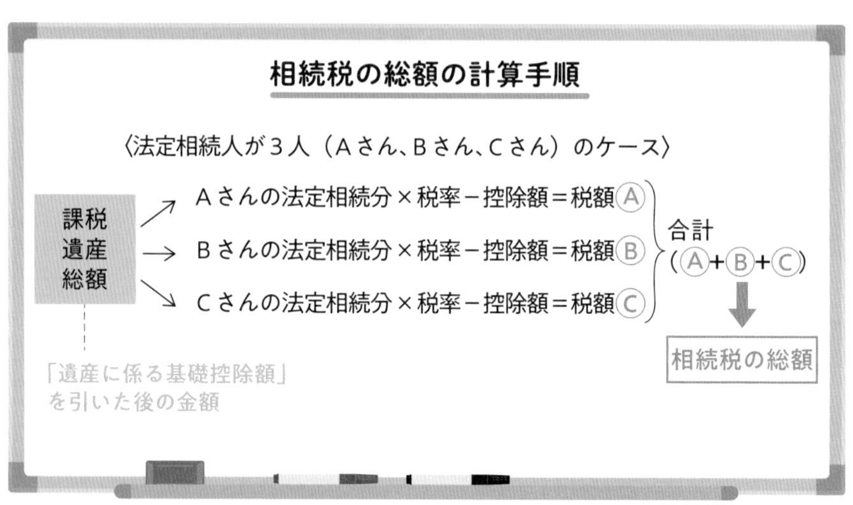

相続税の総額の計算手順
〈法定相続人が3人（Aさん、Bさん、Cさん）のケース〉
課税遺産総額
Aさんの法定相続分×税率－控除額＝税額Ⓐ
Bさんの法定相続分×税率－控除額＝税額Ⓑ
Cさんの法定相続分×税率－控除額＝税額Ⓒ
合計（Ⓐ+Ⓑ+Ⓒ）
相続税の総額
「遺産に係る基礎控除額」を引いた後の金額

相続税の速算表

相続税額＝(A)×(B)－(C)

法定相続分に応ずる取得金額(A)		税率(B)	控除額(C)
	1,000万円以下	10%	—
1,000万円超	3,000万円以下	15%	50万円
3,000万円超	5,000万円以下	20%	200万円
5,000万円超	1億円以下	30%	700万円
1億円超	2億円以下	40%	1,700万円
2億円超	3億円以下	45%	2,700万円
3億円超	6億円以下	50%	4,200万円
6億円超		55%	7,200万円

実技保険 実技個人では、相続税の総額の計算問題が頻出です。計算手順をしっかりマスターしよう。

計算問題にチャレンジ！

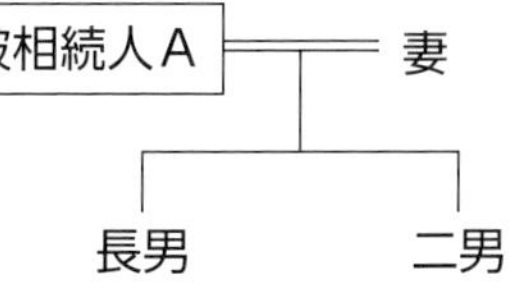

問題 被相続人Aさんの相続人は、妻、長男、二男の３人である。**課税価格の合計額**が１億9,800万円であった場合、**相続税の総額**は？

解答 ①**遺産に係る基礎控除額**

3,000万円＋600万円×法定相続人の数（３人）＝4,800万円

②**課税遺産総額**

１億9,800万円－①4,800万円＝１億5,000万円

③**②を法定相続分どおりに取得したと仮定した取得金額**

・妻　１億5,000万円×$\frac{1}{2}$＝7,500万円 ……… ❶

・長男　１億5,000万円×$\frac{1}{2}$×$\frac{1}{2}$＝3,750万円 …… ❷

・二男　１億5,000万円×$\frac{1}{2}$×$\frac{1}{2}$＝3,750万円 …… ❸

④**相続税の総額**（❶～❸に対する税額の合計）

・妻　❶7,500万円×30％－700万円＝1,550万円
・長男　❷3,750万円×20％－200万円＝550万円
・二男　❸3,750万円×20％－200万円＝550万円

合計 2,650万円

4 ２割加算・税額控除

学科重要度 ★★★

ステップ３ ➡だれがいくら払うか

相続税の総額を、財産を取得した人の取得割合に応じて割り振って、１人ひとりの相続税額（**算出税額**）を計算します。算出税額に、一定の**加算**（**２割加算**）と**減算**（**税額控除**）を行い、１人ひとりの**納付税額**を計算します。

Ⅰ 相続税額の２割加算 重要

財産を取得した人が、**「被相続人の配偶者、父母、子」以外**である場合（孫や兄弟姉妹など）、その人の算出税額の**２割**相当額を**加算**します。

■ 2割加算の対象者の注意点

①**代襲相続人である孫**は、「子」ではありませんが、2割加算の対象とは**なりません。**

②被相続人の**養子である孫**（いわゆる孫養子）は、「子」に該当しますが、2割加算の対象と**なります**（①を除きます）。

相続税の計算において、既に死亡している被相続人の子を代襲して相続人となった被相続人の孫は、相続税額の2割加算の対象者となる。（過去問題）

✕➡代襲相続人である孫は、2割加算の対象者とならない。

Ⅱ 税額控除

（1）贈与税額控除

ステップ1 において、課税価格に加算された贈与財産（→p188）に対して支払った贈与税額は、ここで相続税額から控除します。

（2）配偶者の税額軽減（配偶者に対する相続税額の軽減） 重要

被相続人の**配偶者**（**婚姻期間の要件なし・内縁関係は不可**）は、この税額軽減の適用を受けることにより、取得した財産が次の①、②**のいずれか多い金額まで**であれば、**相続税はかかりません。**

① 1億6,000万円
②配偶者の法定相続分相当額

被相続人の遺産の形成には、配偶者も貢献していることなどから、この規定が設けられています。

この税額軽減を受けることにより相続税額がゼロとなる場合であっても、**相続税の申告が必要**です。

申告期限までに遺産分割されていない財産について適用を受けることはできませんが、申告期限から**3年以内**に遺産分割された場合には、適用を受けることができます。

5 相続税の申告と納付

学科重要度 ★★☆

I 相続税の申告期限

課税価格の合計額が、**遺産に係る基礎控除額**を超える場合は、相続税の申告が必要です。**申告期限**は、その相続の開始があったことを知った日の翌日から**10ヵ月以内**です。申告書の提出先は、**被相続人**の死亡時の住所地の所轄税務署長です。

具体例

相続の開始があったことを知った日（一般に死亡日）が**2024年1月25日**（木）とすると、相続税の申告期限は**2024年11月25日**（月）になります。

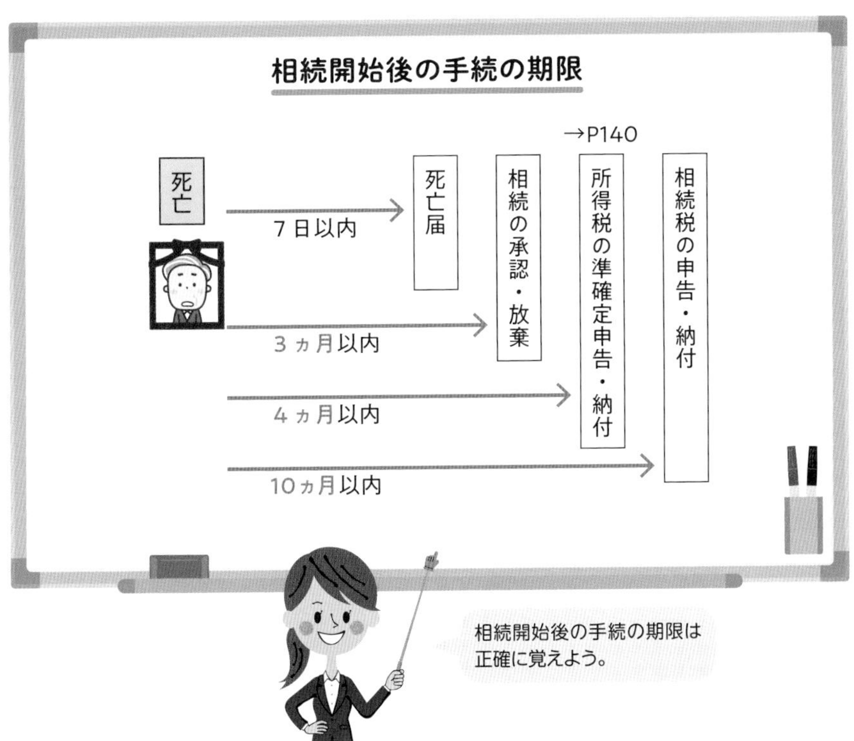

第6章 相続・事業承継―❷相続税

Ⅱ 相続税の納付

相続税は、**申告期限（10ヵ月以内）**までに**金銭で一時に納めるのが原則**ですが、許可を受けた場合は、**分割納付**（延納）や**一定の財産で納めること**（物納）が認められています。

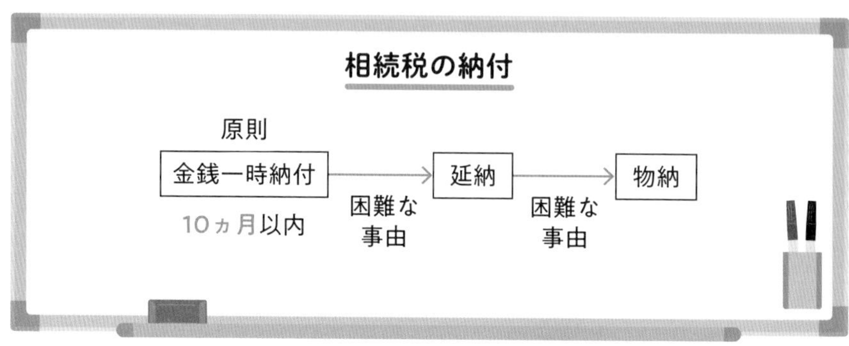

3つのなかから好きな方法を選べるわけでありません。

（1）相続税の延納

相続税額が10万円を超え、金銭で一時納付することが**困難**な事由がある場合には、申請して許可を受ければ、**分割して納付**することができます。

（2）相続税の物納

延納によっても金銭で納付することが**困難**な事由がある場合には、申請して許可を受ければ、一定の**財産（相続・遺贈により取得した財産）で納める物納**が認められています。

❸贈与と法律

Point
1 **贈与とは** ～贈与は贈与者と受贈者の**契約**
2 **特殊な贈与** ～**定期贈与、負担付贈与、死因贈与**を学ぶ

1 贈与とは

学科重要度 ★★☆

贈与とは、当事者の一方（**贈与者**）が自己の財産を**無償**で（タダで）相手方（**受贈者**）に与える意思表示をし、**相手方がこれを受諾**することによって効力を生ずる契約のことをいいます。

財産の取得時期

書面による贈与	贈与契約の効力が発生したとき
書面によらない贈与 ➡口約束の贈与	贈与の履行があったとき

贈与の解除

書面による贈与	履行の前後を問わず、解除できない
書面によらない贈与	既に履行が終わった部分を除き、各当事者が解除できる ➡履行前は解除できるが、履行後は解除できない

2 特殊な贈与

学科重要度 ★★☆

単純な贈与の他に、特殊な贈与として、**定期贈与**、**負担付贈与**、**死因贈与**があります。

定期贈与	定期の給付を目的とする贈与。贈与者または受贈者が死亡すると効力を失う （例）10年間、毎年100万円ずつあげよう
負担付贈与	受贈者に一定の負担（債務）を負わせる贈与 （例）5,000万円の土地をあげるから、3,000万円の借金を払ってね
死因贈与	贈与者の死亡によって効力を生ずる贈与 贈与税ではなく**相続税**の課税対象となる （例）私が死んだら私の家をあげよう

❹贈与税

Point

1 **贈与税とは** ～課税方法には、**暦年課税**と**相続時精算課税**がある
2 **贈与税の計算手順** ～手順を理解して学習を進めよう
3 **贈与税の課税価格の計算** ～みなし贈与財産や非課税財産
4 **贈与税の基礎控除** ～受贈者１人当たり**110万円**の基礎控除
5 **贈与税の税率** ～贈与税の税率の速算表は**２種類**ある
6 **贈与税の申告と納付** ～翌年**３月15日**までに申告と納付

1 贈与税とは

学科重要度 ★★☆

贈与税は、**個人**から財産をもらった**個人**にかかる税金です。

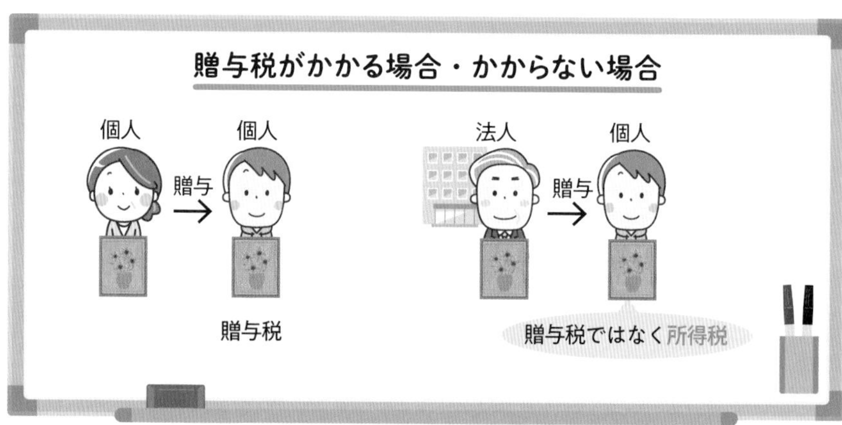

贈与税の課税方法は、原則として、**暦年課税**（１年単位で計算）ですが、父母・祖父母からの贈与について、**相続時精算課税**（→ｐ200）を選択することができます。

個人が法人からの贈与により取得した財産については、原則として贈与税の課税対象となり、所得税は課されない。（過去問題）

×➡所得税の課税対象となり、贈与税は課されない。

2 贈与税（暦年課税）の計算手順

学科重要度 ★★★

贈与税は、個人が**1年間**（1月1日から12月31日まで）にもらった贈与財産（贈与税の課税価格）から**基礎控除額**（110万円）を差し引いた額に対して課される税金です。

あげた人（贈与者）ではなく、もらった人（受贈者）にかかる税金です。

■ **贈与税（暦年課税）の計算手順**

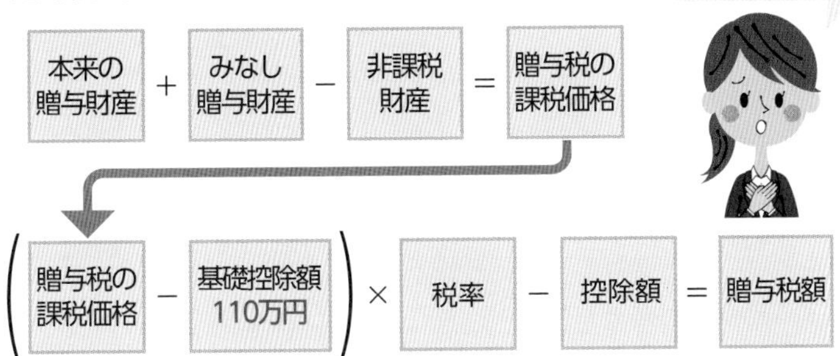

3 贈与税の課税価格の計算

学科重要度 ★★★

本来の贈与財産	本来の相続財産（→p 185）と同じ
みなし贈与財産	法律的には贈与により取得した財産ではなくても、実質的に贈与により取得したものとみなされる財産 具体例 ①保険料を負担していない人が取得した生命保険金等 （例）Aさんが保険料を支払った養老保険の満期保険金をBさんが受け取った ②著しく低い価額の対価で財産を譲り受けた場合 （例）2,000万円の土地を100万円で買った場合、差額1,900万円が贈与税の課税対象となる ③債務免除を受けた場合 （例）子の借金を親が肩代わりして払った
非課税財産	具体例 ①法人からの贈与（所得税の課税対象） ②扶養義務者間の通常必要とする生活費や教育費 ③香典や贈答品などで社会通念上相当と認められるもの ④直系尊属からの贈与の特例3つ（→p 203） ⑤相続・遺贈により財産を取得した人が、相続があった年に被相続人から贈与により取得した財産（相続税の課税対象）

4 贈与税の基礎控除

学科重要度 ★★

贈与税の**基礎控除額**は、**受贈者ごと**に**1年間**につき**110万円**です。1年間にもらった財産の合計額が110万円以下の場合、贈与税は課されません。

暦年課税による贈与税の計算において、同年中に父と母からそれぞれ贈与を受けた場合の基礎控除額は、220万円(110万円×2人)である。

（過去問題）

×➡何人から贈与を受けても、もらった人(受贈者)1人当たり110万円である。

5 贈与税の税率

学科重要度 ★

基礎控除額を差し引いた残りの金額に税率を掛けて贈与税額を計算します。贈与税の税率は、**一般贈与財産**と**特例贈与財産**に区分されています。

特例贈与財産とは、直系尊属（**父母**や**祖父母等**）から、その年の**1月1日時点**で**18歳以上**の**子・孫等**に対する贈与財産のことをいい、それ以外は**一般贈与財産**です。

■ **贈与税の速算表**

贈与税額＝(A)×(B)−(C)

基礎控除後の課税価格(A)		一般贈与財産		特例贈与財産	
		税率(B)	控除額(C)	税率(B)	控除額(C)
	200万円以下	10%	—	10%	—
200万円超	300万円以下	15%	10万円	15%	10万円
300万円超	400万円以下	20%	25万円		
400万円超	600万円以下	30%	65万円	20%	30万円
600万円超	1,000万円以下	40%	125万円	30%	90万円
1,000万円超	1,500万円以下	45%	175万円	40%	190万円
1,500万円超	3,000万円以下	50%	250万円	45%	265万円
3,000万円超	4,500万円以下	55%	400万円	50%	415万円
4,500万円超				55%	640万円

計算例

1年間に**父**から500万円の贈与を受けた人（**30歳**）の贈与税額は？

答➡（500万円−110万円）×15%−10万円＝48万5,000円

➡18歳以上の人が直系尊属（父）から贈与を受けているため、特例贈与財産に該当します。

6 贈与税の申告と納付

学科重要度 ★★★

贈与税は、**1月1日**から**12月31日**までの1年間にもらった財産について、原則として翌年の**2月1日**から**3月15日**までの間に申告と納付を行います。申告書の提出先は、**受贈者**の住所地の所轄税務署長です。

1年間にもらった財産の合計額が**基礎控除額110万円以下の場合、申告は不要**です。

➡あげた人（贈与者）ではなく、もらった人（受贈者）が申告と納付をします。

所得税の申告期限(2月16日から3月15日)と開始日が違うので注意!

■ 贈与税の延納

贈与税は、申告期限（翌年３月15日）までに**金銭で一時に納めるのが原則**です。しかし、所定の要件のもと、金銭一時納付が**困難な場合に限り**、５年以内の分割納付（**延納**）が認められています。

なお、相続税とは異なり、贈与税では**物納は認められていません。**

正しく直そう!

贈与税の納付は、金銭での一括納付のほか、延納または物納によることが認められている。（過去問題）

✕➡一定の要件のもと、延納は認められているが、物納は認められていない。

第6章 相続・事業承継—❹贈与税

⑤相続時精算課税制度

Point
1 **相続時精算課税とは** ～生前贈与財産は、**相続税**の対象になる
2 **適用対象者・手続** ～**父母・祖父母**から**子・孫**への贈与
3 **贈与税額・相続税額の計算** ～**贈与税**の計算が重要！

1 相続時精算課税とは

学科重要度 ★★★

相続時精算課税とは、原則として**60歳以上の父母・祖父母**から、**18歳以上の子・孫**に対して、財産を贈与した場合に**選択できる**贈与税の課税方法です。

贈与者である父母・祖父母が死亡したときには、生前に**贈与された財産を相続財産に加算して相続税を計算**し、既に納めた贈与税額を相続税額から差し引きます。

講師のポイント講義

この制度の贈与者からもらった贈与財産には、結局、相続税だけがかかることになります。相続時(贈与者の死亡時)に、これまでに支払った贈与税を精算して相続税を課税するので、「相続時精算課税」といいます。

2 適用対象者・手続

学科重要度 ★★★

I 相続時精算課税の適用対象者等

贈与者	60歳以上の父母・祖父母（特定贈与者という）
受贈者	18歳以上の子（推定相続人）・孫

*年齢は、**贈与の年の1月1日現在**で判定します。
*住宅取得等資金の贈与の場合、贈与者の年齢要件はありません。➡60歳未満でもOK
*贈与財産の種類、金額、贈与回数に制限はありません。

Ⅱ 相続時精算課税の手続

相続時精算課税を選択しようとする**受贈者**（子・孫）は、最初の贈与を受けた年の**翌年2月1日から3月15日まで**（贈与税の申告期限）に**「相続時精算課税選択届出書」**を贈与税の申告書に添付して提出します。

この制度をいったん選択すると、選択した贈与者（特定贈与者）から贈与を受ける財産は、以後、すべてこの制度が適用され、**暦年課税へ変更することはできません**。

3 贈与税額・相続税額の計算

学科重要度 ★★★

Ⅰ 贈与税額の計算 重要

相続時精算課税の適用を受けた場合の贈与税は、2024年以降、暦年課税の基礎控除とは別に、課税価格から**基礎控除額110万円**を控除します。そして、複数年にわたり利用できる**特別控除額（累計2,500万円）**を超えた部分に対して、**一律20%**の税率を掛けて贈与税額を計算します。

計算問題にチャレンジ！

問題 2024年中に、Aさん（30歳）が父（62歳）から3,000万円の贈与を受け、**相続時精算課税**を選択する場合の贈与税額は？

解答 贈与税額＝（3,000万円－110万円－2,500万円）×20%＝78万円

Ⅱ 相続税額の計算

特定贈与者が死亡した場合、相続時精算課税の適用を受けた贈与財産（2024年以降の贈与財産は、基礎控除額を除く）と、相続・遺贈により取得した財産を合計した金額を基に相続税を計算し、既に納めた贈与税額を相続税額から差し引きます。

相続財産と合算する贈与財産の価額は、**相続時の価額ではなく、贈与時の価額**です。

（例）1,000万円で贈与された上場株式A社株が、特定贈与者の死亡時に3,000万円に値上りしていても、相続財産と合算する価額は1,000万円です。

❻贈与税の特例

Point
1 **贈与税の配偶者控除** 重要 ～夫婦間のマイホームの贈与
2 **直系尊属からの贈与の特例** ～住宅、教育、結婚・子育て

1 贈与税の配偶者控除

学科重要度 ★★★

婚姻期間が**20年以上**の夫婦間で、**居住用不動産**または**居住用不動産を取得するための金銭**の贈与が行われた場合、**基礎控除額110万円とは別に最高2,000万円**を贈与税の課税価格から控除することができます。

➡同じ配偶者からは、一生に一度しか適用を受けることができません。

つまり、合わせて最高2,110万円を控除することができます。

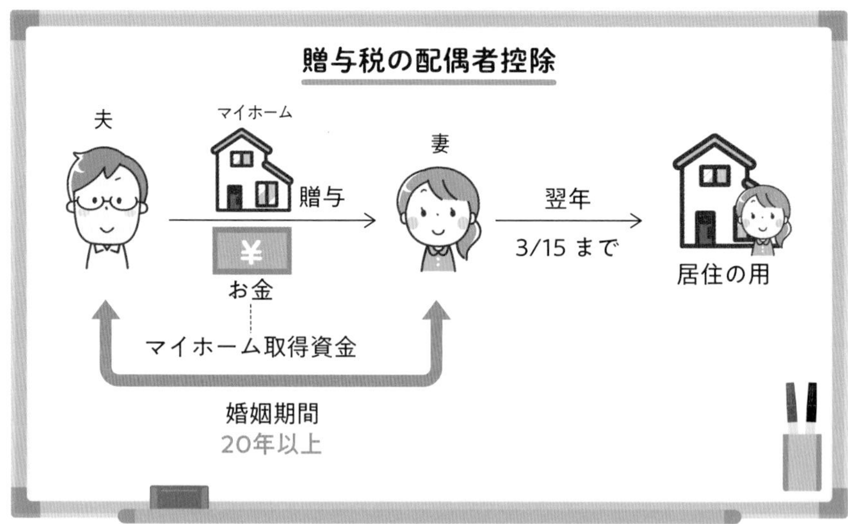

2 直系尊属からの贈与の特例

学科重要度 ★★★

一定の要件を満たす子・孫が、**直系尊属**（父母・祖父母）から贈与を受けた場合には、次のとおり、**非課税**となる3つの特例があります。

I 住宅取得等資金の贈与を受けた場合の非課税

18歳以上の子・孫（**合計所得金額2,000万円以下***）が、直系尊属（父母・祖父母）から**住宅取得等資金**の贈与を受け、住宅用家屋を新築等した場合、**500万円**（省エネ等住宅は**1,000万円**）まで贈与税が非課税となります。

＊床面積40㎡以上50㎡未満の住宅を取得等する場合は、1,000万円以下となります。

II 教育資金の一括贈与を受けた場合の非課税 重要

30歳未満の子・孫（**前年の合計所得金額1,000万円以下**）が、直系尊属（父母・祖父母）から**教育資金**の一括贈与を受けた場合、**1,500万円**（うち学校関係以外は**500万円**）までの拠出について贈与税が非課税となります。

III 結婚・子育て資金の一括贈与を受けた場合の非課税

18歳以上50歳未満の子・孫（**前年の合計所得金額1,000万円以下**）が、直系尊属（父母・祖父母）から**結婚・子育て資金**の一括贈与を受けた場合、**1,000万円**（うち結婚資金は**300万円**）までの拠出について贈与税が非課税となります。

■ **直系尊属からの贈与の特例のまとめ**

	住宅取得等資金	教育資金	結婚・子育て資金
受贈者の年齢	18歳以上	30歳未満	18歳以上50歳未満
非課税金額	500万円 ＊省エネ等住宅は 1,000万円	1,500万円 ＊学校関係以外は 500万円	1,000万円 ＊結婚資金は 300万円
共通点	①暦年課税の基礎控除額110万円や、相続時精算課税の基礎控除額110万円・特別控除額2,500万円と併用できる ②配偶者の父母・祖父母からの贈与は対象とならない ③3つの特例は併用できる		

第6章 相続・事業承継──❻贈与税の特例

❼相続財産・贈与財産の評価

Point
1 **宅地の評価** ～**路線価方式**と**倍率方式**がある
2 **自用地以外の宅地の評価** 計算 ～**公式**を覚えよう
3 **小規模宅地等の評価減の特例** 重要 計算 ～**数字**を覚えよう
4 **家屋の評価** ～自用家屋と貸家の評価の方法
5 **その他の主な財産の評価** ～上場株式の評価が重要

1 宅地の評価

学科重要度 ★

宅地の価額は、1画地（かくち）の宅地（**利用の単位**となっている1区画の宅地）ごとに評価します。評価方法には、**路線価方式**と**倍率方式**がありますが、どちらを採用するかは国税局長が指定しています。

路線価方式	路線価（→p 149）が公表されている市街地にある宅地の評価方法 ➡その道路に面している標準的な宅地の1㎡当たりの**千円**単位の価額
倍率方式	市街地以外の宅地の評価方法

具体例

次の土地について、路線価方式による**自用地評価額**は？

➡自ら所有して自ら使用している土地（自宅の土地など）

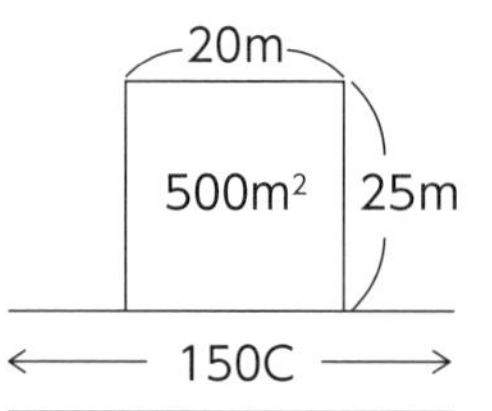

奥行25mの**奥行価格補正率**　0.99

➡奥行の距離に応じて定められた補正率

自用地評価額＝15万円（150千円）×0.99×500㎡＝7,425万円

路線価図におけるアルファベット（上記図の「C」）は、下表のように**借地権割合**を表します。

記号	A	B	C	D	E	F	G
借地権割合	90%	80%	70%	60%	50%	40%	30%

2 自用地以外の宅地の評価

学科重要度 ★★

I 借地権と貸宅地

借地権とは、**建物の所有を目的**とする地上権または土地の賃借権のことをいいます（右の図のBさんの権利）（→p152）。

貸宅地とは、**借地権の目的**となっている宅地（一般に、**底地**といいます）のことをいいます（右の図のAさん所有の土地）。

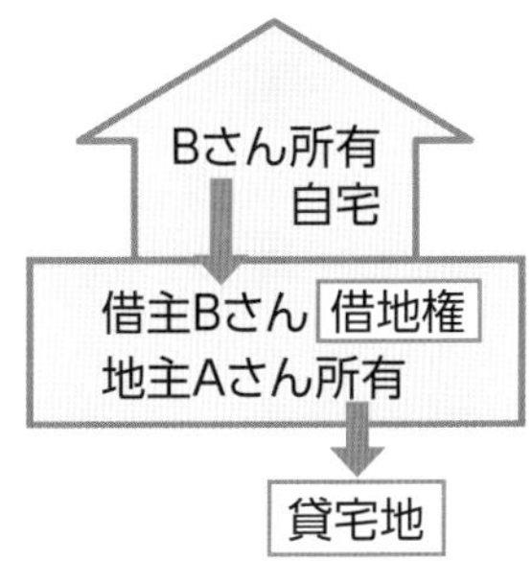

公式 **借地権**の評価額＝**自用地評価額**×**借地権割合**

公式 **貸宅地**の評価額＝**自用地評価額**×（1－**借地権割合**）

II 貸家建付地 重要 計算

貸家建付地とは、土地所有者が所有する**貸家（賃貸アパートや賃貸マンションなど）が建っている宅地**のことです。

アパート経営をしている大家さんの土地などが該当します。

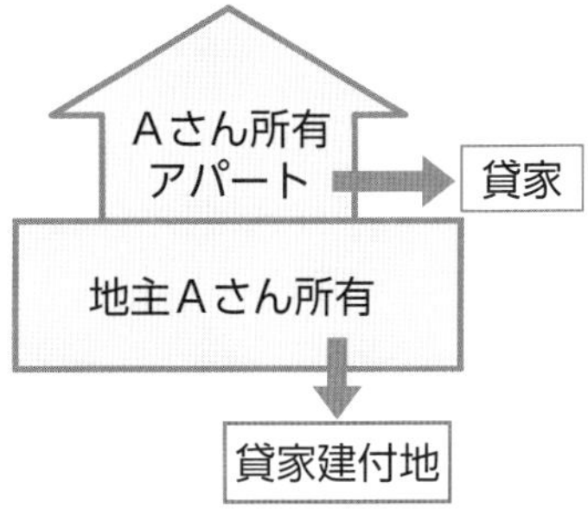

公式 **貸家建付地**の評価額
＝**自用地評価額**×（1－**借地権割合**×**借家権割合**×**賃貸割合***）

＊満室の場合、100％となります。

計算問題にチャレンジ！

問題 次のケースで、**貸家建付地**としての相続税評価額は？

自用地評価額	借地権割合	借家権割合	賃貸割合
1億円	70%	30%	100%

解答 貸家建付地の相続税評価額
＝1億円×（1－70%×30%×100%）＝7,900万円

Ⅲ 使用貸借（しようたいしゃく）により貸している宅地

使用貸借とは、無償で借りて使うことをいいます。使用権はゼロとして扱うため、使用貸借により貸している宅地は、**自用地評価額により評価**します。

使用貸借により貸している宅地の評価額＝自用地評価額

3 小規模宅地等の評価減の特例

学科重要度 ★★★

被相続人のマイホームの敷地や、事業用に使用していた宅地は、**相続・遺贈**により取得した遺族（親族）にとっても生活の基盤になるものであるため、**相続税**の課税価格の計算上、一定の面積まで**評価額を減額します**。

この特例を**「小規模宅地等についての相続税の課税価格の計算の特例」**といいます。

贈与により取得した宅地には、
この特例は適用されません。

Ⅰ 適用限度面積と減額割合 重要 計算

宅地等の区分	限度面積	減額割合
① 特定居住用宅地等	330㎡	80%
② 特定事業用宅地等	400㎡	80%
③ 貸付事業用宅地等	200㎡	50%

数字を正確に
覚えよう。

■ 特例のポイント

- **特定居住用宅地等**は、被相続人の**配偶者が取得**した場合に限り、他に適用要件はないため、すぐに売却したり賃貸しても適用を受けることができます。同居親族が取得した場合は、居住継続要件や所有要件があります。また、自己所有の家屋（マイホーム）に住んでいる別居親族が取得した場合には、適用を受けることができません。
- ①居住用と②事業用は、限度面積まで完全併用できます（①330㎡＋②400㎡＝最高730㎡）。
- ③貸付用は、①居住用や②事業用とは完全併用できず、適用面積の調整が必要となります。

計算問題にチャレンジ！

問題 相続により取得した宅地（500㎡、相続税評価額5,000万円）が**特定居住用宅地等**に該当する場合、評価額の計算上、減額される金額は？

解答 減額される金額＝5,000万円×$\frac{330㎡}{500㎡}$×80％＝2,640万円

Ⅱ 特例を受けるための手続

この特例を受けることにより相続税額がゼロとなる場合であっても、**相続税の申告が必要**です。

申告期限までに遺産分割されていない宅地等について適用を受けることはできませんが、申告期限から**3年以内**に遺産分割された場合には、適用を受けることができます。

4 家屋の評価

学科重要度 ★★☆

Ⅰ 自用家屋

自用家屋とは、自分で使用していて、貸し付けていない家屋のことで、**固定資産税評価額で評価**します。

自用家屋の評価額＝固定資産税評価額（×1.0）

Ⅱ 貸家

アパートなど**貸家**（→p205の図を参照）として使用されている家屋は、次のように評価します。

公式 貸家の評価額
＝固定資産税評価額×（1－借家権割合×賃貸割合）

5 その他の主な財産の評価

学科重要度 ★★★

Ⅰ 生命保険契約に関する権利

相続開始時にまだ保険事故が発生していない**「生命保険契約に関する権利」**を取得した場合、**解約返戻金の額**で評価されます。

評価額＝**解約返戻金の額**
➡相続開始の時においてその契約を解約するとした場合に受け取れる解約返戻金の額

次の契約形態で加入していた終身保険の契約者である**父が死亡し、子に名義変更した場合**、子は**「生命保険契約に関する権利」**を相続により取得したことになります。

契約者（保険料負担者）	被保険者	死亡保険金受取人
父	子	父

↓ **父死亡**により子に**名義変更**

契約者（保険料負担者）	被保険者	死亡保険金受取人
子	子	子の配偶者

相続財産の評価において、相続開始時に保険事故が発生していない生命保険契約に関する権利の価額は、原則として、既払込保険料相当額によって評価する。（過去問題）

×➡解約返戻金の額によって評価する。

Ⅱ 上場株式 重要

評価額＝①～④の価格のうち**最も低い価格**

①課税時期の最終価格（終値）
②課税時期の属する月の毎日の最終価格の平均額
③課税時期の属する月の前月の毎日の最終価格の平均額
④課税時期の属する月の前々月の毎日の最終価格の平均額
➡課税時期とは、相続の場合、相続開始時（死亡時）です

具体例

９月６日（金）に相続が開始した場合、上場株式Ａ社株の相続税評価額は、①～④の４つの価格のうち**最も低い③300円**になります。

	①9月6日（課税時期）	②9月平均	③8月平均	④7月平均
A社株価	450円	400円	300円	350円

FP（ファイナンシャル・プランニング技能検定）
3級テキスト

索引

数字

A-Z

あ

い

う

え

お

か

索引

さ

し

せ

そ

た

ち

つ

て

と

な

に

ね

の

は

ひ

ふ

へ

ほ

ま

み

む

も

ゆ

よ

ら

り

ろ

わ

【著者プロフィール】

梶谷美果（かじや みか）

1級ファイナンシャル・プランニング技能士　CFP®認定者

〈経歴〉

2003年に大手資格学校に入社。FP試験対策講師として講義・教材制作に従事。2010年に独立後も長きにわたり、全国の金融機関を中心に研修講師として奔走しながら教材制作にも励む。金融機関研修先50以上。講師歴22年（延べ講義時間13,000時間超）。教材執筆・監修35冊以上。（株）ビジネス教育出版社からは「FP 3級問題集」「1級FP技能士（学科）合格テキスト」「1級FP技能士（学科）対策問題集」を出版。

2024 - 2025年版　FP（ファイナンシャル・プランニング技能検定）3級テキスト

2024年5月27日　初版第1刷発行

著者　梶谷美果

発行者　延對寺哲

発行所　株式会社ビジネス教育出版社

〒102-0074　東京都千代田区九段南4-7-13
TEL 03(3221)5361(代表)／FAX 03(3222)7878
E-mail▶info@bks.co.jp URL▶https://www.bks.co.jp

ISBN978-4-8283-1077-0

落丁・乱丁はお取り替えします。　装丁・本文DTP／㈲エルグ　印刷・製本／シナノ印刷㈱